POLYGLOTT-REISEFÜHRER

Weserbergland

Mit 28 Illustrationen
sowie 16 Karten und Plänen

POLYGLOTT-VERLAG
MÜNCHEN

Herausgegeben von der Polyglott-Redaktion
Verfasser: Wilhelm Voss-Gerling
Illustrationen: Astrid Hufnagel
Karten und Pläne: Franz Huber, Gert Oberländer und Arnulf Milch
Umschlag: Toni Blank

*

Wir danken für die uns bereitwillig gewährte Unterstützung.
Ergänzende Anregungen, für die wir jederzeit dankbar sind,
bitten wir zu richten an:
Polyglott-Verlag, Redaktion, Postfach 40 11 20, 8000 München 40.
Alle Angaben (ohne Gewähr) nach dem Stand August 1979.

*

Zeichenerklärung:
Eisenbahnverbindungen
Autobusverbindungen Schiffsverbindungen
Erstklassige Hotels Gute Hotels
Einfache Hotels und Pensionen
Jugendherbergen Campingplätze

*

Die in eckigen Klammern stehenden Ziffern decken sich mit den
auf den Plänen eingezeichneten Ziffern.
Kilometerangaben hinter den Ortsnamen zeigen die Entfernung
vom Beginn der jeweiligen Route aus an.

*

3. Auflage · 1980/81

Printed in Germany / Druckhaus Langenscheidt, Berlin / L,w. XI.Le.
ISBN 3-493-60622-2

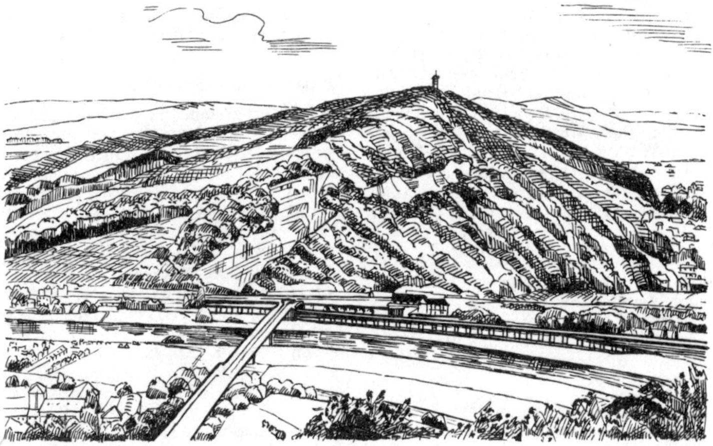

Porta Westfalica

Land und Leute

Das *Weserbergland* gehört zu den bevorzugten deutschen Ferienlandschaften, bevorzugt von der Natur und bevorzugt von den Erholungsuchenden. Aber weder Natur und Geographen, noch Touristikfachleute und Touristen haben bis heute eindeutig bestimmt, wie weit denn das Weserbergland eigentlich reiche. Allgemein unbestritten ist, daß das Weserbergland beiderseits der *Weser* zwischen *Hannoversch Münden* im Süden – dort beginnt mit dem Zusammenfluß von *Werra* und *Fulda* die Weser – und *Minden* im Norden – dort tritt die Weser durch die *Porta Westfalica* in die *Norddeutsche Tiefebene* ein – liegt. Wie weit es nun aber von der Weser aus nach Osten und Westen reicht, welche Berg- und Hügelländer also zu ihm gehören, darüber gibt es keine einhellige Meinung und wird es eine solche nach Lage der Dinge auch wohl nie geben.

Die vorerwähnte Süd- und Nordgrenze des Weserberglandes gilt auch für diesen Reiseführer. Hinsichtlich der Ost-West-Ausdehnung aber legt er sich auf einen Kompromiß zwischen den beiden extremen Ansichten – Ausdehnung von Hannover bis Osnabrück oder Einschluß nur der unmittelbar am Fluß gelegenen Berg- und Hügelländer – fest. Als östlicher Teil des Weserberglandes wird das Gebiet zwischen *Weser* und *Leine*, das Leinetal selbst ausgeschlossen, betrachtet. Es werden also zum Weserbergland gerechnet (von Süden nach Norden): *Bramwald, Reinhardswald, Solling, Hils, Ith, Vogler, Osterwald, Süntel, Wesergebirge, Deister* und *Bückeberge* sowie einige zwischen diesen gelegene kleinere Berg- und Hügellandschaften.

Westlich der Weser reicht das Weserbergland, wie es in diesem Reiseführer verstanden wird, bis zum *Eggegebirge* und dem sich nach Norden anschließenden *Tal der Werre* (nicht mit der Werra zu verwechseln), über den Unterlauf der Werre ein wenig nach Norden ausgreifend und so den östlichen Teil des *Wiehengebirges* einschließend. Der größere Teil dieses Gebietes pflegt als *Lipper Bergland* bezeichnet zu werden. Das *Eggegebirge* gilt als Grenzgebirge. Einbezogen wird daher nur der Ostrand dieses Gebirges.

Das so umgrenzte Gebiet reicht mit einigen der bedeutendsten deutschen Bäder in den sogenannten »Heilgarten Deutschlands« hinein. Außerdem ist es das Kernland der *Weserrenaissance*, die gerade hier mit einigen hervorragenden Bauwerken vertreten ist.

Politische Zugehörigkeit, Größe

Von dem in der Einleitung umgrenzten Weserbergland gehören die östlich der Weser gelegenen Teile zu *Niedersachsen* (ausgenommen die rechts der Weser gelegenen Teile von Porta Westfalica und Minden, die zu *Nordrhein-Westfalen* gehören, und die ebenfalls rechts der Weser gelegenen Teile von Oberweser und Wahlsburg, die zu *Hessen* gehören). Niedersächsisch ist außerdem links der Weser das Gebiet etwa bis zur Linie *Polle – Bad Pyrmont – Rinteln*. In die übrigen Gebiete westlich der Weser teilen sich Nordrhein-Westfalen und Hessen. Die Grenze zwischen dem großen nordrhein-westfälischen und dem kleinen hessischen Anteil zieht sich zwischen *Karlshafen* und *Warburg* in der Nähe der *Diemel* hin.

Die unten stehende Karte gibt einen Überblick; die hervorgehobenen Städte sind (von Hannover abgesehen) die Hauptstädte der Kreise, die am Weserbergland Anteil haben. Am unteren Kartenrand fehlt lediglich das weiter südlich gelegene Kassel.

Das ganze Gebiet ist ungefähr 7000 km² groß (das entspricht etwa einem Drittel der Fläche Hessens, gut einem Siebentel der Fläche Niedersachsens und gut einem Fünftel der Fläche von Nordrhein-Westfalen). Es leben dort rund 1 450 000 Menschen, und zwar im hessischen Teil 50 000, im niedersächsischen Teil 450 000 und im nordrhein-westfälischen Teil 950 000 Menschen. Großstädte gibt es nicht. Unter den Mittelstädten (mit mehr als 40 000 Einw.) steht der Ort *Minden* mit 84 000 Einwohnern an der Spitze. Von den Städten und Großgemeinden, die 10 000 bis 40 000 Einwohner haben, sind viele nur durch die Gemeindereform der letzten Jahre zu diesen Bevölkerungszahlen gekommen. Besonders für die Großgemeinden ergibt sich ein ganz falsches Bild, wenn von diesen Zahlen ausgegangen wird. Denn die Großgemeinden bestehen weiterhin aus mehr oder weniger weit voneinander entfernten Dörfern, die bestenfalls einige Tausend Einwohner haben. Die dörfliche und kleinstädtische Siedlung herrscht also weiterhin vor.

Oberflächenformen, Gewässer

Das Weserbergland ist ein reich gegliedertes Berg- und Hügelland, das zum Teil aus schmalen Berg- oder Hügelrücken besteht, zum Teil aber auch von ziemlich großen Plateaus gebildet wird. Die Berg- und Hügelrücken sind östlich der Weser besonders stark ausgeprägt: *Vogler* (Ebersnacken, 460 m), *Hils* (Bloße Zelle, 477 m), *Ith* (Lauensteiner Kopf, 439 m), *Süntel* (Hohe Egge, 437 m), *Deister* (Bröhn, 405 m), *Wesergebirge* (Amelungsberg, 321 m) und *Bückeberge* (367 m). Mit diesen sind von den westlich der Weser gelegenen Teilen des Berglandes nur zu vergleichen: *Eggegebirge*, auch kurz *Egge* genannt (Velmerstot, 468 m) und *Wiehengebirge* (Heidbrink, 320 m) sowie der vielfach auch zum Weserbergland gerechnete, in diesem Reiseführer aber nicht behandelte *Teutoburger Wald*. Von diesen Berg-und Hügelrücken werden das Wesergebirge und das Wiehengebirge als Schichtkämme bezeichnet (zu den Schichtkämmen gehört auch der Teutoburger Wald), während das Eggegebirge als Schichtstufe angesehen wird.

Die beiden bedeutendsten Plateaus des Weserberglandes sind östlich der Weser der *Solling* (Große Blöße, 528 m; höchste Erhebung des Weserberglandes) und westlich der Weser der *Reinhardswald* (Staufenberg, 472 m).

Den Plateaus näher als den Bergrücken steht das *Lipper Bergland*, das im *Köterberg* (497 m; höchste Erhebung des westlichen Weserberglandes) einen herausragenden Einzelberg besitzt.

Berg- und Hügelrücken sowie Plateaus sind durchweg stark bewaldet. Manche Waldlandschaften, vor allem Teile der Bückeberge und des Sollings, sind von Sandsteinbrüchen durchsetzt, von denen einige bis in das Hochmittelalter zurückreichen. Von der Bedeutung dieser Steinbrüche für die Baukunst im Weserraum wird auf Seite 49 gesprochen.

Die Täler, die zwischen den meist sanft ansteigenden Bergen liegen, sind vorwiegend breit und offen, für die Landwirtschaft daher ausgezeichnet geeignet. Aber immer wieder treten Hügel und Berge so hart an die Bäche und Flüsse heran, daß diese, sich windend, ausweichen müssen. Die Landschaft erfährt durch die ihre Richtung wechselnden Bach- und Flußtäler eine starke Belebung, sie wird zur Landschaft der Überraschungen, die den

Reisenden hinter jeder Flußbiegung und hinter jedem Bergvorsprung erwarten, und sei es auch nur der Blick auf einen weiteren Talabschnitt, der schon bald wieder an einem Bergvorspung und einer Flußbiegung endet.

Die *Weser,* Achse und Hauptfluß des Weserberglandes, wird durch die Vereinigung der aus der Rhön kommenden *Fulda* mit der aus dem Thüringer Wald kommenden *Werra* bei Hannoversch Münden gebildet und verläßt durch die *Porta Westfalica,* die Westfälische Pforte, in der Nähe von *Minden* das Weserbergland. Zwischen Hannoversch Münden und der Porta Westfalica liegen in der Luftlinie nur gut 100 km; der Lauf, den die Gebirge der Weser zwischen diesen beiden Punkten aufzwingen, ist aber gut 200 km lang. Auf dieser ganzen Strecke ist die Weser (sie heißt in diesem Abschnitt *Oberweser)* schiffbar und wird auch von Personenschiffen befahren.

Das ganze Weserbergland gehört zum Einzugsbereich der Weser. Die aus dem östlichen Weserbergland kommenden Zuflüsse sind nur Bäche und Flüßchen von wenigen Kilometern Länge. Von den westlichen Nebenflüssen ist die im Rothaargebirge (Sauerland) entspringende und bei Karlshafen nach rund 80 km in die Weser mündende *Diemel* nach Wasserführung der weitaus größte, der Länge nach kommt ihr aber die bei Rehme in die Weser mündende *Werre* fast gleich. Zu nennen sind ferner die gut 50 km lange *Emmer* (Mündung bei Emmern), die gut 40 km lange *Nethe* (Mündung bei Höxter-Godelheim) und schließlich auch die rund 30 km lange *Exter* (Mündung bei Rinteln).

Im Zusammenhang mit den Gewässern müssen die vielen *Heilquellen* des Weserberglandes erwähnt werden. *Bad Oeynhausen* besitzt im *Jordansprudel* (s.S. 61) die stärkste kohlensaure Thermalsolquelle der Erde.

Klima

Das Wesertal selbst gehört von der Porta Westfalica bis in die Gegend von Höxter zu den Gebieten, deren mittlere Januartemperaturen zwischen 0°C und +2°C liegen. Für die übrigen Gebiete des Weserberglandes liegen die mittleren Januartemperaturen zwischen 0°C und –2°C. Im Juli wird im allgemeinen eine mittlere Temperatur von 16 bis 18°C erreicht. Lediglich in den höchsten Teilen der Berglandschaften, insbesondere im Solling, liegen die mittleren Julitemperaturen nur zwischen 14°C und 16°C. Die Anzahl der Frosttage (Tage mit einem unter 0°C liegenden Temperatur-Minimum) beträgt 80 bis 100 im Jahr (lediglich im Solling pflegen es 100 bis 120 Tage zu sein). Die Zahl der Sommertage (Tage mit Temperaturen über 25°C) liegen im Weserbergland zwischen 20 und 30 (der Solling macht mit 10–20 Tagen wiederum eine Ausnahme).

Hinsichtlich der Niederschläge stehen das Wesertal und das Diemeltal am günstigsten da: dort ist im Jahresdurchschnitt mit einem Niederschlag von 600 bis 750 mm zu rechnen. In den übrigen Teilen des Weserberglandes werden im Jahresmittel 750 bis 1000 mm, im Solling sogar über 1000 mm erreicht.

Entsprechend der kürzeren Frostperiode setzt die Apfelblüte, die zugleich als durchschnittliche Frühjahrsmitte gilt, im Wesertal bereits zwischen dem 30. April und dem 9. Mai ein, während sie sich in den übrigen Teilen des Weserberglandes erst zwischen dem 10. Mai und dem 19. Mai einstellt. Der Hochsommer wird mit dem Beginn der Roggenernte erreicht, in der Regel zwischen dem 24. und 30. Juli, in den höher gelegenen Teilen des östlichen Weserberglandes aber erst zwischen dem 31. Juli und dem 6. August.

Bevölkerung

Die alteingesessene Bevölkerung ist vorwiegend *sächsischen* Stammes (über den Begriff Sachsen s.S. 7). Das zum Niederdeutschen gehörende *Niedersächsische* wird noch gesprochen. Das typische Bauernhaus ist nach wie vor das *niedersächsisch-westfälische Einheitshaus.* Es ist allerdings nicht zu verkennen, daß die

Mundarten immer weniger gesprochen werden und daß die neuen Bauernhäuser mit den traditionellen Fachwerkbauten nichts mehr gemein haben.

Einen starken Zuzug von französischen *Hugenotten* und piemontesischen *Waldensern* erhielt in den letzten Jahrzehnten des 17. Jahrhunderts und zu Beginn des 18. Jahrhunderts der hessische Teil des Weserberglandes, der *Reinhardswald*, in dem etliche Dörfer entstanden, in denen nur Glaubensflüchtlinge wohnten. Im geschichtlichen Überblick (Seite 8) wird hierzu Näheres gesagt.

Nach dem Zweiten Weltkrieg fanden viele deutsche *Ostflüchtlinge* im Weserbergland eine neue Heimat. In vielen Orten machen die Flüchtlinge und ihre Nachkommen einen wesentlichen Teil der Bevölkerung aus, Lebensweise und Gewohnheiten der Gesamtbevölkerung in mancher Hinsicht mitprägend.

Wirtschaft

Das Weserbergland stellt – nicht zuletzt infolge seiner Aufteilung auf drei Bundesländer, der eine Jahrhunderte dauernde territoriale Aufsplitterung vorausgegangen ist – keinen einheitlichen Wirtschaftsraum dar. Die Ländergrenzen haben sich vielfach zugleich als Grenzen wirtschaftlicher Planungen und Entwicklungen erwiesen, und das hat dem Weserbergland manchen Schaden gebracht.

In fast allen Teilen des Weserberglandes hat die *Landwirtschaft* eine mehr oder weniger große Bedeutung. Während es aber beispielsweise in der fruchtbaren Warburger Börde und in weiten Teilen des Lipper Landes große Bauernhöfe gibt, die ihren Besitzer gut ernähren, sind die Bauern in anderen Landesteilen mit ihren landwirtschaftlichen Einnahmen vielfach nicht zufrieden; sie arbeiten daher in der Industrie und betrachten ihren Hof als Nebenerwerbsbetrieb. Fast überall im Weserbergland sind die Bauern dazu übergegangen, Feriengäste aufzunehmen. Für »Ferien auf dem Bauernhof« hält das Weserbergland daher ein sehr großes Angebot bereit.

Von den Industrien nimmt vor allem im nordrhein-westfälischen Teil des Weserberglandes die *Holz-* und *Möbelindustrie* eine Sonderstellung ein. Einige der bekanntesten deutschen Möbelfabriken befinden sich in diesem Gebiet. Eine verhältnismäßig vielseitige Industrie besitzt Hameln. Aber selbst dort ist die Industrie nicht zu einem landschaftsprägenden Faktor geworden. Ähnlich ist die Situation in Minden.

Bodenschätze, die seit langem und auch heute noch gebrochen oder abgebaut werden, sind der *Sandstein* von *Obernkirchen*, die *Naturasphaltlager* in der Nähe von *Eschershausen* und die *Gipsvorkommen* bei *Stadtoldendorf*.

Ein Wirtschaftszweig, der für einige Orte, insbesondere für die Heilbäder, große Bedeutung hatte, neuerdings aber in immer mehr Orten festen Fuß faßt, ist der *Fremdenverkehr*. Unter den Hotels, Pensionen, Fremdenheimen und Gasthöfen herrschen die Betriebe mit weniger als 20 Fremdenbetten eindeutig vor; selbst in den größeren Städten und in den Heilbädern sind diese kleinen Betriebe in der Regel in der Überzahl. Auf den Bauernhöfen stehen durchweg nur wenige Zimmer für Feriengäste zur Verfügung. Von mittlerer Größe sind durchweg die Bungalow-Feriendörfer, die sich über das ganze Weserbergland verteilen und fast ausnahmslos nach Lage und Einrichtung eine ausgezeichnete Ferienunterkunft darstellen. Von Massentourismus kann trotz allen diesen Unterkünften im Weserbergland noch keine Rede sein.

Eine wirtschaftliche Belebung vor allem des Wesertals verspricht man sich von dem *Atomkraftwerk*, das in Beverungen-Würgassen errichtet worden ist (ein zweites Werk ist bei Emmerthal-Grohnde, südlich von Hameln, im Bau).

Brauchtum

In den meisten Orten des Weserberglandes wird im Sommer das *Schützenfest* gefeiert. In Hameln ist es mit einem großen Schützenumzug (erste Augustwoche) verbunden.

Recht weit verbreitet ist auch noch der Brauch, *Osterfeuer* anzuzünden. Besonders eindrucksvoll ist der *Osterfeuerräderlauf* in *Lügde* (am 1. Ostertag.)

Andere, ehemals ebenfalls weit verbreitete Feste werden heute nur noch hier und da gefeiert. Dazu gehören die *Sonnwendfeier* von *Krainhagen* (Oberkirchen), das *Johannisfest* von *Wahmbeck* (Bodenfelde).

Andere Feste sind historischen Ursprungs und daher an einen einzigen Ort gebunden. Von ihnen wird in den Ortsbeschreibungen gesprochen werden. Von den Rattenfängerspielen in Hameln (Mai–September) und von dem Doktor-Eisenbart-Spiel in Hannoversch Münden (Pfingsten bis September) kann man sagen, daß sie Volksbräuchen schon recht nahe stehen und zu Fixpunkten des touristischen Jahres geworden sind.

Geschichtlicher Überblick

9 n. Chr. Im Weserbergland leben *germanische Stämme*, darunter die *Cherusker*, deren Führer *Arminius* (oder Hermann), von den Römern im Kriegshandwerk ausgebildet, den aufständischen Germanen zum Sieg über die unter *Varus* nach Osten vordringenden *Römer* verhilft (sogenannte *Schlacht im Teutoburger Wald*).

Ab 3. Jh. Von der unteren Elbe aus dehnen die *Sachsen* ihr Herrschaftsgebiet nach Süden aus. Gegen 700 erreichen sie die Gegend des heutigen Hannoversch Münden. Auf die unterworfenen Stämme und auf die Stämme, die sich den Sachsen freiwillig angeschlossen haben, geht der Name des herrschenden Stammes, der Sachsen, über. Zu Beginn des 8. Jahrhunderts gibt es zwar ein Gebiet, das als sächsisches Stammesgebiet bezeichnet werden kann, es ist aber keine politische Einheit. Das Gebiet der Sachsen gliedert sich nach den Hauptstammesteilen in *Westfalen*, *Engern* und *Ostfalen*. Das Weserbergland gehört zu Engern.

772–804 *Karl der Große* unterwirft die Sachsen. Die schwersten Kämpfe spielen sich von 782 bis 785 ab, als *Widukind* (Wittekind) Führer der Sachsen ist.

Ab 9. Jh. Innerhalb des *karolingischen*, dann des *ostfränkischen Reiches* (dies ist später das Deutsche Reich) entsteht nach und nach das *Stammesherzogtum Sachsen*, das zunächst unter den *Sachsenkaisern* (Heinrich I., Otto I., II. und III., Heinrich II., insgesamt von 919–1024) und später unter Herzog *Heinrich dem Löwen* (1142–1194) seine Blütezeiten hat.

1180 Der Sturz Heinrichs des Löwen führt zur Aufteilung des Herzogtums Sachsen. Die westlich der Weser gelegenen Teile fallen an die *Erzbischöfe von Köln*, die östlich der Weser gelegenen Teile an die *Askanier* (mit dem Anteil der Askanier beginnt die Entwicklung zu dem Gebiet, auf das der Name Sachsen schließlich beschränkt wird und zu dem das spätere *Königreich Sachsen* und die im wesentlichen in Thüringen gelegenen *Sächsischen Herzogtümer* gehören; für den Anteil der Erzbischöfe von Köln geht die Bezeichnung Sachsen verloren). Die Teilung des Herzogtums Sachsen besagt aber nicht, daß nunmehr die Kölner Erzbischöfe und die Askanier alleinige Landesherren sind. Schon vor 1180 sind vielmehr zahlreiche kleinere Territorien entstanden, die sich nunmehr kräftig weiterentwickeln. Das führt zu einer territorialen Zerstückelung des Weserberglandes. Teile des östlichen Weserberglandes gehören zum Herzogtum *Braunschweig-Lüneburg* (aus Eigenbesitz Heinrichs des Löwen gebildet).

16. Jahrhundert Am Weserbergland haben Anteil (oder es liegen ausschließlich in ihm) die kirchlichen Fürstentümer *Minden, Paderborn* und *Abtei Corvey;* die weltlichen Herrschaften *Grafschaft Schaumburg* (im 17. Jh. aufgeteilt unter den Herzögen von Calenberg, den Landgrafen von Hessen und einer Nebenlinie des Hauses Lippe), *Fürstentum Calenberg* (Besitz einer Linie des Hauses Braunschweig-Lüneburg, *Grafschaft Spiegelberg* (später im Besitz der Häuser Lippe und Gleichen, dann Nassau-Oranien), *Fürstentum Braunschweig-Wolfenbüttel* (Besitz einer Linie des Hauses Braunschweig-Lüneburg), *Fürstentum Göttingen* (Besitz einer Linie des Hauses Braunschweig-Lüneburg), *Landgrafschaft Hessen-Kassel, Grafschaft Lippe* und *Grafschaft Ravensberg*. Diese Aufteilung des Weserberglandes hat im wesentlichen bis gegen Ende des 18. Jahrhunderts Bestand. Veränderungen ergeben sich nur aus dynastischen Interessen und durch Erbübertragungen von dem einen auf ein anderes herrschendes Haus.

Die vorgenannten Landesherren – die Bischöfe von Paderborn und die Äbte von Corvey ausgenommen – schließen sich der *Reformation* an. Da auch die Bevölkerung der Städte, die nicht den Landesherren unterstehen, sich für den neuen Glauben entscheidet, ist das Weserbergland um die Mitte des 16. Jahrhunderts protestantisch.

Im 16. Jahrhundert beginnt die Kunstepoche, für die die Bezeichnung *Weserrenaissance* geprägt worden ist (s.S. 9) und der das Land die meisten seiner bedeutenden Kunstdenkmäler verdankt.

17. Jahrhundert Der Südwesten des Weserberglandes wird dem Katholizismus zurückgewonnen. Das geistliche Fürstentum Minden wird säkularisiert und fällt 1648 an *Brandenburg* (später Preußen), das 1614 durch Erbschaft bereits in den Besitz der Grafschaft Ravensberg gekommen ist. Diese Besitzungen werden zur Brücke zwischen den brandenburgisch-preußischen Stammlanden und den rheinisch-westfälischen Gebieten *Mark* und *Kleve*, die ebenfalls 1614 an Brandenburg gefallen sind.

1665–1681 In Lemgo finden die letzten *Hexenprozesse* statt. Die treibende Kraft ist der *Hexenbürgermeister Cothmann* (s.S. 28).

1685–1720 Landgraf Karl von Hessen-Kassel (1677–1730) veranlaßt die Niederlassung von Glaubensflüchtlingen (*Hugenotten* und *Waldensern*) in der Gegend von *Hofgeismar und im Reinhardswald*. Er strebt damit eine Belebung von Handel und Gewerbe und die Wiederbesiedlung aufgegebener Ortschaften an. In der Nähe von Hofgeismar entstehen an der Stelle von Wüstungen (von der Bevölkerung aufgegebene Orte) *Kelze, Karlsdorf* und *Schöneberg*, später *Friedrichsdorf*. Im Wesertal, am Rande des Reinhardswaldes, werden *Karlshafen* und etwas später *Gewissenruh* und *Gottstreu* angelegt.

1692 Von den drei Fürstentümern des Hauses Braunschweig-Lüneburg wird das Fürstentum *Calenberg* (seit 1636 Hauptstadt Hannover), mit dem 1705 das Fürstentum *Lüneburg* (Hauptstadt Celle) vereinigt wird, Kurfürstentum (Kurfürst Georg Ludwig von Hannover wird 1714 als Georg I. König von England; die Personalunion zwischen Hannover und England dauert bis 1837). Das dritte Fürstentum ist das Herzogtum *Braunschweig-Wolfenbüttel*. Dieses und das Kurfürstentum Hannover haben Anteil am Weserbergland.

1803–1815 Zur Zeit Napoleons kommt es 1803 und 1806 zu kurzlebigen staatlichen Neuordnungen. 1807 wird das *Königreich Westfalen* geschaffen, zu dessen König Napoleons Bruder *Jérôme* erhoben wird. Das Weserbergland ist ein Teil dieses Königreiches, das bis 1813 Bestand hat. Nach dem Sturz Napoleons wird in den Jahren 1814/1815 teilweise die alte Ordnung wiederhergestellt. Anteil am Weserbergland haben nunmehr: die Grafschaft Schaumburg-Lippe, das Königreich Hannover, das Herzogtum Braunschweig, das Kurfürstentum Hessen, das Fürstentum Lippe (Detmold) und die preußische Provinz Westfalen.

1866 In der Auseinandersetzung zwischen *Preußen* und *Österreich* stellt sich Hannover auf die Seite Österreichs. Preußen annektiert *Hannover* und macht es zu einer Provinz.

Auch *Hessen-Kassel*, das auf die Seite Österreichs getreten ist, wird von Preußen annektiert und zur Provinz *Hessen-Nassau* gemacht.

1884 Das herzogliche Haus Braunschweig stirbt aus. Preußen verhindert, daß das Haus Hannover die Nachfolge antritt. Erst 1913 kommt es zu einer Aussöhnung zwischen den Häusern Hannover und Hohenzollern (Preußen): Prinz Ernst August von Braunschweig-Lüneburg heiratet Viktoria Luise, die Tochter Wilhelms II., und tritt die Nachfolge im Herzogtum Braunschweig an.

1918 Die regierenden Häuser von Lippe-Detmold, Schaumburg-Lippe und Braunschweig danken ab. Aus ihren Gebieten werden Freistaaten. Außer diesen haben am Weserbergland Anteil die preußischen Provinzen Hannover, Hessen-Nassau und Westfalen.

1933 Lippe-Detmold und Schaumburg-Lippe werden Verwaltungseinheit.

1938 Der *Mittellandkanal* wird fertiggestellt. Er verbindet den *Dortmund-Ems-Kanal* (Bevergern) mit der *Elbe* (Rothensee/Magdeburg) und wird bei Minden über die Weser hinweggeführt.

1945–1946 Die Provinz Hessen-Nassau wird ein Teil des 1945 von der amerikanischen Besatzungsmacht geschaffenen Landes *Hessen*. Die britische Besatzungsmacht bildet 1946 die Länder *Niedersachsen* und *Nordrhein-Westfalen*. Zu Niedersachsen kommen unter anderem Hannover, Braunschweig und Schaumburg-Lippe. Zu Nordrhein-Westfalen kommt die Provinz Westfalen, 1947 dann auch der ehemalige Freistaat Lippe-Detmold.

Auf diese drei Länder ist das Weserbergland heute verteilt. Die Weser bildet nur streckenweise die Grenze zwischen ihnen.

Kunst und Kultur

Das älteste Baudenkmal des Weserberglandes ist das der *karolingischen Kunst* zuzuordnende *Westwerk* der *Corveyer Klosterkirche,* das in den Jahren 873 bis 885 errichtet wurde. Trotz der Veränderungen, die es im 12. Jahrhundert erfuhr, gehört es in seinem Kern zu den am besten erhaltenen Westwerken Deutschlands.

Reicher ist das Erbe aus der Zeit der *romanischen Kunst.* Ein Denkmal frühester Romanik ist die *Johanneskapelle* der *Krukenburg* (Helmarshausen), ein Zentralbau, der 1126 geweiht worden sein soll, der sicherlich schon bald nach 1050 errichtet wurde.

Dem späten 11. Jahrhundert gehört die *Bildnisplatte des Widukind-Grabes* in der Stiftskirche zu Enger an; gleichaltrig sind die Goldschmiedearbeiten des Roger von Helmarshausen, *Tragaltäre,*die sich im Domschatz und im Franziskanerkloster in Paderborn befinden.

Bei den romanischen Bauten handelt es sich um Dom-, Stifts- und Klosterkirchen. Zu den wichtigsten romanischen Baudenkmälern zählen das Westwerk des Domes zu *Minden,* die ehemaligen Kloster- oder Stiftskirchen von *Lippoldsberg, Fischbeck, Bursfelde, Neuenheerse,* das Münster zu *Herford* und die Kilianskirche zu *Lügde,* in der auch romanische Wandmalereien erhalten sind. Die Bauten gehören vorwiegend dem 12. Jahrhundert an. Lediglich das Münster zu Herford, das spätromanisch ist, wurde erst in der ersten Hälfte des 13. Jahrhunderts erbaut.

Ein ungewöhnliches Werk frühromanischer Bildhauerei ist das Relief der Kreuzabnahme an den *Externsteinen,* das um 1115 geschaffen wurde und die erste Monumentalplastik Deutschlands ist.

Die herausragenden Werke der *gotischen Kunst* sind das Langhaus des Domes zu *Minden,* die *Marienkirche* und die *Johanniskirche* (in dieser auch gotische Glasmalereien) in *Herford* und die *Marienkirche* in *Lemgo.* Aus spätgotischer Zeit stammen noch manche Fachwerkhäuser der alten Stadtkerne. Ein besonders eindrucksvolles Bauwerk aus der Zeit des Übergangs von der Spätgotik zur Renaissance ist das *Rathaus* in *Lemgo* (auch die vorgenannten spätgotischen Fachwerkhäuser weisen bereits Elemente der Renaissance auf).

Die *Renaissance* hatte ihren ersten Vertreter in dem aus Lustnau (Tübingen) stammenden Baumeister *Jörg Unkair,* der von 1524 bis zu seinem Tode im Jahre 1553 im Weserbergland tätig war. Unkair schuf einige wesentliche Voraussetzungen für die als Weserrenaissance bezeichnete besondere Form der Renaissance, die im Schaffen der Hamelner Baumeister *Johann Hundertossen, Cord Tönnies* und *Eberhard Wilkening* ihre Vollendung fand. Von den Merkmalen der Weserrenaissance wird bei der Beschreibung einiger bedeutender Bauten die Rede sein.

Zu den eindrucksvollen Bauten dieser Kunstepoche gehören die Schlösser in *Stadthagen* und *Detmold,* die *Hämelschenburg,* das *Hochzeitshaus* und das *Rattenfängerhaus* in *Hameln* sowie das *Hexenbürgermeisterhaus* in *Lemgo.*

Der *Barock* fand vor allem in den ehemaligen Residenzstädten *Detmold, Bückeburg* und *Stadthagen* Eingang. In Detmold sind Teile des Schlosses barock. Das *Fürstliche Mausoleum* in Stadthagen ist ein Meisterwerk des deutschen Frühbarocks. In Bückeburg setzen die Evangelische Stadtkirche und das Schloß sowie dessen Vorbauten barocke Akzente.

Schon während der Barockzeit ging die Bautätigkeit – nicht zuletzt infolge kriegsbedingter wirtschaftlicher Rückschläge – sehr stark zurück. Hervorragende Bauten wurden kaum noch errichtet. Als recht beachtenswertes Bauwerk des 18. Jahrhunderts ist das klassizistische Schlößchen *Schönburg* zu nennen, das in *Hofgeismar* steht.

Unter den modernen Bauten des Weserberglandes nimmt die *Kurklinik der Landesversicherungsanstalt* in *Bad Salzuflen* wegen des Versuchs, mit den Mitteln der Architektur bei der Erfüllung der besonderen Aufgaben der Klinik (psychosomatische Behandlung) mitzuhelfen, den ersten Platz ein. Architekt war *Harald Deilmann,* einer der Künstler, die die gesamte Anlage mit modernem Schmuck ausstatteten, der Bildhauer *Karl Ehlers.*

*

Die namhaftesten im Weserbergland geborenen, dort aber wenig oder gar nicht in Erscheinung getretenen Künstler sind neben *Schlaun* (s.S. 54): der Baumeister und Bildhauer *Konrad von Einbeck* (um 1400), als dessen Heimat Einbeck gilt; der aus Herford stammende *Mathes Daniel Pöppelmann* (1662–1736); der aus Uslar stammende *Georg Luwig Friedrich Laves* (1788–1864); der aus Einbeck stammende *Konrad Wilhelm Hase* (1818–1902).

Konrad von Einbeck, der hauptsächlich an der *Moritzkirche* in *Halle/Saale* gearbeitet hat, hinterließ in seiner Heimat keine Spuren künstlerischen Wirkens.

Pöppelmann trat schon 1686 in die Dienste des kursächsischen Hofes. Im Auftrag *Augusts des Starken* schuf er in *Dresden* in den Jahren 1711 bis 1722 den *Zwinger*, der zu den bedeutendsten Werken des deutschen Barocks zählt.

Laves war ein Baumeister des Klassizismus. Er gestaltete zwar 1845 die *Evangelische Johanniskirchen* seiner Heimatstadt *Uslar* um, war aber im übrigen fast ausschließlich in Hannover tätig (Oberhofbaudirektor), wo er sich mit dem Umbau der königlichen Schlösser und mit städtebaulichen Planungen beschäftigte.

Hase betätigte sich im niedersächsischen Raum, am wenigsten aber im Weserbergland, als Erbauer neugotischer und neuromanischer Gebäude und als Restaurator romanischer und gotischer Bauwerke (unter diesen befand sich auch die *Münsterkirche* in *Hameln*).

*

Die Literatur ist mit recht unterschiedlichen Persönlichkeiten vertreten.

Da ist zunächst *Karl Friedrich Hieronymus Freiherr von Münchhausen* (Schloß Bodenwerder; 1720–1797) zu nennen, dessen nur mündlich erzählte Lügengeschichten (Jagd-, Reise- und Kriegserlebnisse) der Hauptbestandteil eines Volksbuches wurden. Dem Erzähler brachten sie den Beinamen »Lügenbaron« ein (s.S. 47). Sammler und Herausgeber der Geschichten war Rudolf Erich Raspe (die erste Ausgabe erfolgte 1785 in englischer Sprache).

Aus Detmold stammte *Christian Dietrich Grabbe* (1801–1836), ein Dramatiker des Frührealismus. In seinem historischen Drama »Die Hermannsschlacht« gestaltete er eine historische Begebenheit seiner Heimat (Schlacht im Teutoburger Wald, s.S. 7). Zu seinen Werken zählen ferner »Napoleon oder die hundert Tage« und »Scherz, Satire, Ironie und tiefere Bedeutung«.

Ebenfalls aus Detmold stammte *Ferdinand Freiligrath* (1810–1876), der sich als Lyriker und als Verfasser von Balladen und patriotischen Dichtungen einen Namen machte (»O lieb, so lang du lieben kannst«; »Die Auswanderer»; »Prinz Eugen, der edle Ritter«).

Friedrich Wilhelm Weber (Alhausen; 1813–1894) hat in seinem Hauptwerk, dem Epos »Dreizehnlinden«, die Christianisierung der Sachsen geschildert und das Geschehen hauptsächlich ins Weserbergland (Nethegau, Corvey) verlegt.

Wilhelm Raabe (Eschershausen; 1831–1910) war ein großer Erzähler, der vor allem das Provinz- und Kleinstadtleben schilderte und viele seiner Erzählungen in seiner Heimat ansiedelte: »Der heilige Born« in Bad Pyrmont, »Alte Nester« in der Gegend um Bodenwerder, »Das Odfeld« in Amelungsborn, »Hastenbeck« in Hastenbeck, »Altershausen« in Stadtoldendorf.

Ein vagabundierender Bohemien war *Peter Hille* (Erwitzen; 1854–1904), dessen Lyrik besonders in kurzen Natur- und Stimmungsgedichten eine beachtliche Meisterschaft erreichte.

Lulu von Strauß und Torney (Bückeburg; 1873–1956) schrieb Romane und Novellen, die vielfach stark heimatgebunden sind, vor allem aber war sie eine der bedeutendsten Balladendichterinnen Deutschlands im 20. Jahrhundert (»Der Seefahrer«; »Das Wiegenlied«).

Aus einer Hugenottenfamilie stammte *Gertrud Freiin von le Fort* (Minden; 1876–1971), aus deren reichem dichterischen Werk (vorwiegend Behandlung religiöser Themen in historischem Rahmen) hervorgehoben werden dürfen: die Romane »Das Schweißtuch der Veronika« und »Der Papst aus dem Ghetto«; die Novellen „Die Letzte am Schafott« (Hauptwerk), »Die Frau des Pilatus« und »Der Turm der Beständigkeit«; die Gedichte »Hymnen an die Kirche« und »Hymnen an Deutschland«.

*

Ganz anderen Kulturbereichen gehören folgende Persönlichkeiten an:

Aus Lemgo stammte *Engelbert Kämpfer* (1651–1716), Arzt und Forschungsreisender. Er bereiste als erster Deutscher Persien und vor allem Japan. Die meisten seiner Schriften liegen unveröffentlicht im British Museum in London.

Der Hofkapellmeister und Flötenlehrer des preußischen Königs Friedrich II., *Johann Joachim Quantz* (1697–1773), war aus Scheden (bei Hannoversch Münden).

Der 1848 in die USA ausgewanderte *Heinrich Goebel* (Springe; 1818–1893), ein Uhrmacher und Optiker, erfand 1854 die elektrische Glühlampe (25 Jahre vor Edison), konnte die Erfindung aber nicht ausnutzen.

Ferien im Weserbergland

Unter den Ferienorten des Weserberglandes ist die Zahl derer, die sich als kinderfreundlich bezeichnen, besonders groß. Hierzu paßt es, daß das Weserbergland in der Werbung als für *Familienferien* vorzüglich geeignet gepriesen wird. Tatsächlich bieten sich im Weserbergland für Familien mit Kindern sehr gute Ferienmöglichkeiten. Das liegt einmal daran, daß das Angebot von *Bauernhof-Pensionen* – also »Ferien auf dem Bauernhof« – sehr groß ist. Außerdem gibt es im Weserbergland eine große Zahl von *Feriendörfern* und ähnlichen Einrichtungen, deren Wohneinheiten recht gute Unterkünfte für Familien darstellen. Diese Hervorhebung von Bauernhof-Pensionen und Feriendörfern bedeutet jedoch nicht, daß nicht auch Fremdenheime, Gasthöfe und Hotels geeignete Familienunterkünfte sein können.

Feriendörfer

Als zur Zeit nennenswerteste *Feriendörfer* und verwandte Einrichtungen dürfen gelten: Familien-Feriendorf des Deutschen Erholungswerkes Hamburg, 4933 Blomberg; Familienferienheim »Erlenhof«, Am Heineberg 45, 3492 Brakel; Familienerholungswerk Gästehaus »Schloß Gehrden«, 3492 Brakel-Gehrden; Feriendorf »Hinnenburger Wald«, 3492 Brakel-Hinnenburg; Feriendorf Gehrden, 3492 Brakel-Gehrden; Bungalow-Feriendorf Diestelbruch, 4930 Detmold 1-Diestelbruch; Feriendorf »Hörster Horst«, 4937 Lage-Hörste; Feriendorf »Brockenblick«, 3352 Einbeck 26-Negenborn; Bungalow-Ferienpark Rittergut Posteholz, 3251 Aerzen 5; Bungalow-Park und Holiday-Park, beide in 3453 Polle; – Nähere Angaben über diese und andere Einrichtungen bekommt man vom: Landesverkehrsverband Westfalen, Balkenstraße 4, 4600 Dortmund; Verkehrsverband Teutoburger Wald, Paulinenstraße 36, 4930 Detmold; Fremdenverkehrsverband Weserbergland-Mittelweser, Falkestraße 2, 3250 Hameln; Fremdenverkehrsverband Kurhessen und Waldeck, Entenanger 8, 3500 Kassel.

Heilbäder

Eine zweite Gruppe von Erholungssuchenden, die das Weserbergland sehr gut zufriedenstellen kann, sind diejenigen, denen es um einen Kuraufenthalt geht. *Heilbäder* oder Orte mit Heilquellkuranstalten sind: die Bäder Driburg, Eilsen, Karlshafen, Meinberg, Münder, Nenndorf, Oeynhausen, Pyrmont, Salzuflen, Seebruch (Vlotho) und Senkelteich (Vlotho), ferner die Orte Bodenwerder, Höxter-Bruchhausen, Höxter-Godelsheim, Minden.

Schloßhotels

Wer seinen Urlaub auf einer *Burg* oder einem *Schloß* verbringen möchte, wendet sich an: »Burghotel Trendelburg«, 3526 Trendelburg; »Schloßhotel Burg Schwalenberg«, 3284 Schieder-Schwalenberg; »Schloßhotel Petershagen«, 4953 Petershagen (11 km nördlich von Minden, also außerhalb des Weserberglandes); »Burghotel«, 4933 Blomberg; »Burghotel Sababurg«, 3520 Hofgeismar-Sababurg.

Wanderwege, Weserschiffahrt

Jeder Ferienort – und die meisten Orte des Weserberglandes sind Ferienorte – hat beschilderte *Wanderwege*, daneben meist auch an Parkplätzen beginnende Rundwanderwege für Autofahrer. Große Wanderwege wie der »Wesergebirgsweg« von Minden nach Hameln (55 km) laden zu mehrtägigen Wanderungen ein.

Vielfach lassen sich die Wanderungen recht gut mit einem *Schiffsausflug* auf der Weser verbinden. Die Schiffe der Mindener Fahrgastschiffahrt verkehren zwischen Minden/Schlachtschleuse und Porta Westfalica und fahren an manchen Tagen noch weiter bis Vlotho. Ab Hameln gibt es eine lokale Schiffsverbindung zum Ohrberg. Die Fahrten der »Weißen Flotte« von Bodenwerder gehen bis Hameln und Holzminden. Die Schiffe der Oberweser-Dampfschiffahrt schließlich befahren die Strecken Hannoversch Münden – Hameln und Hameln – Vlotho. Damit bestehen Verbindungen von Minden bis Hannoversch Münden.

Kombinierte Schiffs-Bahn- bzw. *Schiffs-Bus-Ausflüge* ermöglichen die Eisenbahn Vorwohle-Emmerthal (Näheres über Vorwohle-Emmerthaler Verkehrsbetriebe, 3452 Bodenwerder 1, Tel. 05533/2129) und die zwischen Hameln und Hannoversch Münden verkehrende »Weser-Solling-Post« (Näheres über Telefon 05531/703-225). Die Oberweser-Dampfschiffahrt (Postfach 490, 3250 Hameln 1, Tel. 05151/7018) bietet für Einzelreisende *7- und 2-Tages-Pauschalreisen* an (auch für Autofahrer von Interesse).

Hameln

Hameln (68 m; 63 000 Einw.), als *Rattenfängerstadt* einer der bekanntesten Orte des Weserberglandes – vielleicht sogar der bekannteste –, liegt beiderseits der Weser, mit seinem alten Kern jedoch nur am rechten Weserufer. Es zählt zu den wichtigsten Verkehrsknotenpunkten des Weserberglandes (im Schnittpunkt der Bundesstraßen 1, 83 und 217 und etlicher anderer Straßen sowie mehrerer Eisenbahnlinien gelegen), zu den bedeutendsten Industriestädten (bis auf die Mühlen sind die Industriebetriebe fast ausschließlich am Ost- und Südrand der Stadt angesiedelt), zu den an Sehenswürdigkeiten reichen Städten und zu den Kulturzentren des Weserberglandes.

GESCHICHTE

Das es in der Gegend von Hameln gute Weserübergänge (Furten) gibt, darf angenommen werden, daß es bereits in vorgeschichtlicher Zeit Ansiedlungen gab. Funde sind bisher nur auf dem *Klüt-Berg* am Westrand der Stadt gemacht worden (schöner Wanderweg zur Höhle).

Als zur Zeit Karls des Großen die Christianisierung des Sachsenlandes begann, gab es nahe dem Kern des heutigen Hameln ein Sachsendorf, in dessen Nachbarschaft, und zwar an der Stelle der *Münsterkirchen St. Bonifatius*, sich gegen Ende des 8. Jahrhunderts Mönche aus dem Kloster Fulda (dieses wurde 744 im Auftrag des heiligen Bonifatius gegründet) niederließen. In der Nähe des Klosters entstand ein Marktflecken, ein durch die neue Weserbrücke begünstigter Handelsplatz, in dem sich mehrere alte Handelswege trafen (darunter der *Hellweg*, dem die heutige Bundesstraße 1 über weite Strecken hin folgt).

Bereits gegen Ende des 12. Jahrhunderts ist von *Quernhamele*, Mühlenhameln, die Rede, ein Beweis dafür, daß die Mühlen und der Handel mit Mühlsteinen damals schon eine große Rolle spielten (noch heute gehört die Mühlenindustrie zu den wichtigsten Industrien der Stadt). Als Hameln gegen 1200 Stadtrechte erhielt (in der Stadt waren nunmehr der Klosterbezirk, der Marktflecken und das alte Dorf zusammengefaßt), wurde ein Mühlstein mit Mühleisen zum Wappenbild gewählt.

Noch im 13. Jahrhundert erhielt die Stadt eine Stadtmauer mit 22 starken Türmen (*Pulverturm* und *Haspelmath-Turm* noch erhalten). Die Stadt bildete einen zur Weser hin offenen Dreiviertelkreis. Mauer und Graben verliefen im Zuge der Straßen *Münster-*, *Ostertor-*, *Kastanien-* und *Thie-Wall*, die heute die Altstadt umschließen.

Um den Besitz der Stadt kam es im 13. Jahrhundert zu Auseinandersetzungen, die die Herzöge von Braunschweig-Lüneburg schließlich zu ihren Gunsten beenden konnten. Hameln wurde braunschweig-lüneburgische (später hannoversche) Landstadt und blieb es bis 1866. Die Stadtrechte wurden 1277 von den Herzögen erneuert.

In das Jahr 1284 wird das Geschehnis verlegt, das Hameln zur Rattenfängerstadt gemacht hat. In diesem Jahr litt Hameln unter einer Rattenplage. Ein bunt gekleideter Flötenspieler versprach dem Bürgermeister, gegen eine bestimmte Summe Geldes die Stadt von den Ratten zu befreien. Der Bürgermeister versprach die Zahlung, der Flötenspieler lockte mit seinem Spiel die Ratten aus der Stadt in die Weser, aber seinen Lohn bekam er nicht. Der Flötenspieler zog noch einmal durch die Stadt. Seinem Spiel folgten nun 130 Kinder, die er durch die enge *Bungelosenstraße* zur Stadt hinaus und zum *Koppenberg* führte; dort verschwanden die Kinder (in der Bungelosenstraße wird seit Jahrhunderten keine Bunge oder Trommel mehr gerührt und keine Musik gemacht).

Bis heute ist nicht eindeutig geklärt, welcher historische Kern in dieser Rattenfängersage steckt. Vorherrschend ist jedoch folgende Deutung: Der Rattenfän-

Der Rattenfänger

ger steht für einen oder mehrere Werber, die junge Leute im Rahmen der deutschen Ostkolonisation für die Auswanderung in den Osten, etwa nach Pommern, Preußen, Schlesien oder Mähren, zu gewinnen suchten. Hameln zählte damals etwa 1500 Einwohner. Wenn von diesen tatsächlich 130 junge Menschen dem Werber folgten, so war dies für die Stadt zweifellos eine Art Katastrophe, die so bald nicht vergessen werden konnte und deren sich im 16. Jahrhundert die Sage bemächtigte.

Als nach dem Zweiten Weltkrieg viele Ostvertriebene in Hameln eine neue Heimat fanden, stellte man sich vor, daß mancher dieser Neubürger wohl von den Auswanderern des Jahres 1284 abstammen könnte. Aus dieser Gedankenverbindung heraus entstand das *Rattenfänger-Relief* (1960) an der Außenwand der *Berufsfachschule für Frauenberufe* (Am Münsterkirchhof 6), das auf der einen Seite den Auszug der Auswanderer, auf der anderen die Rückkehr der Nachfahren darstellt.

Seine Blütezeit erlebte Hameln im 16. und im frühen 17. Jahrhundert. Sichtbarer Ausdruck des damals herrschenden Wohlstandes sind die zum großen Teil erhalten gebliebenen Bürgerhäuser, von denen etliche zu den Meisterwerken der Weserrenaissance zählen.

In der zweiten Hälfte des 17. Jahrhunderts wurde Hameln zur hannoverschen Grenzfestung ausgebaut; sie erfuhr nach dem Siebenjährigen Krieg eine Verstärkung durch ein auf dem Klüt-Berg angelegtes Fort. Alle Festungsanlagen wurden 1808 geschleift. Ab 1850 wurde das Festungsgelände in die Bebauungsfläche einbezogen.

SEHENSWÜRDIGKEITEN

Von Westen (B 1) kommend, erreicht man die Altstadt Hameln über die

Weserbrücke [1]. Beiderseits der Brücke verläuft quer durch die Weser das *Wehr*, unter dem sich eine Felsschwelle verbirgt. Diese Schwelle macht einen durchgehenden Schiffsverkehr unmöglich. Schiffsfracht mußte daher früher in Hameln umgeladen werden. Im Mittelalter nahm die Stadt das recht einträgliche Stapelrecht für sich in Anspruch (die Waren, die durch die Stadt befördert werden sollten, mußten einige Zeit in Stapelhäusern gelagert und feilgeboten werden).

Um eine durchgehende Schiffahrt zu ermöglichen, legte man 1732 unterhalb der Brücke mitten im Fluß auf dem *Werder* (Insel) die erste *Schleuse* an (sie wurde 1871 erweitert und dient heute noch als Ersatzschleuse). 1933 wurde oberhalb der Brücke (am linken Ufer) die 225 m lange Schleppzugschleuse angelegt.

Ebenfalls oberhalb der Brücke, aber am rechten Weserufer, befindet sich die Anlegestelle der Oberweser-Personenschiffe, die bis Hannoversch Münden verkehren.

Von der Weserbrücke kommt man zum *Senior-Schläger-Platz* und *Münsterwall*. Dort erhebt sich, direkt gegenüber der Brücke, die

Münsterkirche St. Bonifatius [2]. Es handelt sich hier um die einstige Kirche des im 8. Jahrhundert gegründeten und im 9. Jahrhundert in ein Chorherrenstift umgewandelten Klosters. Von den Kloster- und Stiftsbauten ist nichts erhalten. Von der ersten Kirche konnten einige Fundamente freigelegt werden. Von der im 11. Jahrhundert erbauten Kirche sind unbedeutende Reste in der heutigen Kirche erhalten, die zwischen etwa 1200 und 1400 erbaut wurde.

Die ältesten Gebäudeteile sind der achteckige romanische Vierungsturm, der kurz vor 1200 erbaut worden sein dürfte, und das Querschiff (um 1250). Der zweiten Hälfte des 13. Jahrhunderts gehören der Chor und die an das Querschiff angebaute *Elisabethkapelle* an. Das dreischiffige, eine gotische Halle bildende Langhaus entstand vorwiegend im 14. Jahrhundert. Conrad Wilhelm Hase (s.S. 10) nahm 1870–1875 eine gründliche Restaurierung der baufällig gewordenen Kirche, die seit 1782 nicht mehr zu Gottesdiensten verwendet worden war und von deren alter Innenausstattung daher fast nichts erhalten ist, vor.

An der Ostseite der Münsterkirche steht der *Lachsbrunnen*, gekrönt von einem Knaben, der einen Lachs in den Armen hält. Der Brunnen erinnert an den einstigen Lachsreichtum der Weser. 1761 wird berichtet, daß vor nicht langer Zeit die Hausangestellten bei Antritt ihres Dienstes zur Bedingung machten, daß sie in der Woche nicht häufiger als zwei- oder dreimal Lachs essen müßten (1761 war der Lachs zur teuren und seltenen Delikatesse geworden, die man Hausangestellten ohnehin nicht vorzusetzen pflegte).

An der Südseite der Münsterkirche befindet sich das *Ehrendenkmal für die Toten der beiden Weltkriege*. Außerdem steht dort die *Berufsfachschule für Frauenberufe*, an der das oben schon geschilderte Rattenfänger-Relief zu sehen ist. Geht man den Münsterwall nach Osten weiter, so kommt man zunächst zum *Ostertorwall*. Das Haus Ostertorwall 37 ist der *Redenhof* [3], ein gotischer Adelshof, der 1568 eine Renaissancefassade erhielt, Geburtshaus des Grafen *Friedrich Wilhelm von Reden* (1753–1815), der die oberschlesische Eisen- und Hüttenindustrie ins Leben rief.

Am Ende des Ostertorwalls zweigt nach links die *Osterstraße* ab, eine der an alten Häusern reichsten Straßen der Stadt. Das Haus Nr. 13 ist einer der wenigen erhaltenen Steinbauten (um 1300; 1734 umgebaut). Renaissancehäuser mit Steinfassaden sind vor allem die Häuser 12 (1576) und 9 (Leisthaus, s.S. 15); in Anlehnung an sie wurde 1894 das Postgebäude errichtet (Nr. 16). Das bekannteste Steinhaus der Renaissance ist – vom Hochzeitshaus abgesehen – das Haus Osterstraße 28, das

Rattenfängerhaus [4]. Der Name ist im 19. Jahrhundert aufgekommen. Rechts des Hauses verläuft die Seite 12 erwähnte *Bungelosenstraße*, durch die der Rattenfänger und die Kinder gezogen sein sollen. An der dieser Straße zugewandten Seitenfassade des Rattenfängerhauses befindet sich eine alte *Inschrift*, die besagt, daß am 26. Juni 1284 ein bunt gekleideter Pfeifer 130 in Hameln geborene Kinder zum Kalvarienberg am Koppenberg entführte, wo ihre Spur verloren ging.

Das 1602 bis 1603 erbaute Rattenfängerhaus hat eine Giebelfassade im Stil der Weserrenaissance. Typisch sind die mit Kerbschnittmusterungen versehenen Bossensteine, die die Fassade horizontal, aber, zu schwachen Wandvorlagen zusammengefaßt, noch mehr vertikal gliedern und die ganze Vorderfront erfassen. Die vertikale Gliederung erfährt eine zusätzliche Betonung durch Fensterpfosten. Weitere Schmuckelemente sind Rollwerk und Masken. Der Giebel ist mit Schweifwerk (Voluten, Obelisken und andere Zierformen) überreich geschmückt.

Eine weitere Besonderheit der Fassade des Rattenfängerhauses (wie überhaupt

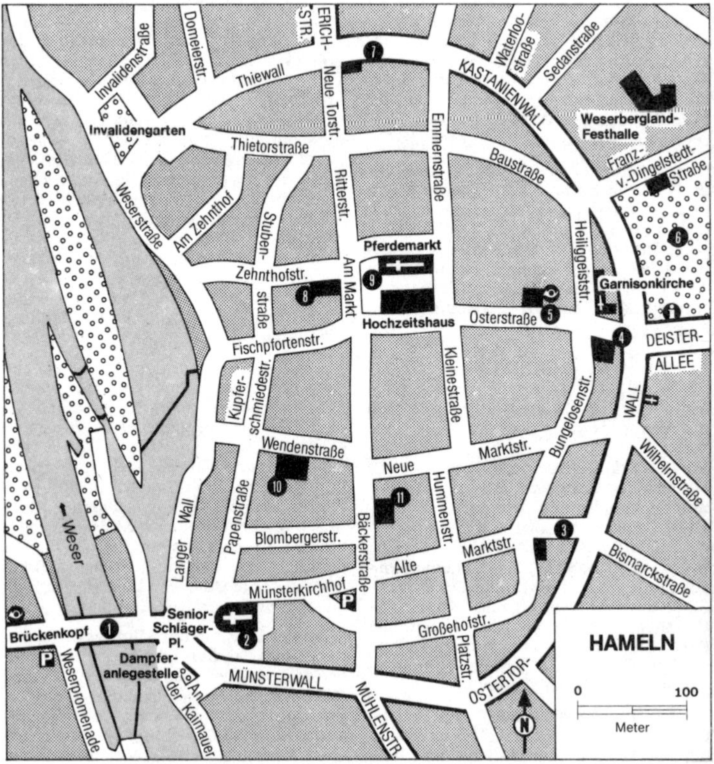

der Fassaden der Weserrenaissance) ist die *Utlucht* (Auslucht), ein Erker, der, im Gegensatz zu den sonstigen Erkern der Renaissance, vom Erdboden aufsteigt (die Erker werden sonst durch Auskragungen oder von Konsolen getragen). Die Utlucht ist zweigeschossig und enstpricht insofern denjenigen anderer Bauten der Weserrenaissance in Hameln. Im Gegensatz zum Leisthaus, Dempterhaus und Rattenkrug hat die Utlucht des Rattenfängerhauses aber keinen Giebel.

Im Rattenfängerhaus befindet sich heute eine Gaststätte, deren Einrichtung aber Erwartungen, die durch die alte Fassade geweckt werden könnten, in keiner Hinsicht erfüllt.

An der Nordseite der Osterstraße, also dem Rattenfängerhaus gegenüber, stehen die ehemalige *Garnisonskirche*, ein barokker Bau aus den Jahren 1712–1714, in dem sich heute die Sparkasse befindet, die auch das anschließende ehemalige Heiliggeistspital (1723) einnimmt, das *Leisthaus* und das *Stiftsherrenhaus* (Nr. 8). Von diesen beiden Häusern ist das 1558 erbaute Stiftsherrenhaus, das zusammen mit dem benachbarten Leisthaus (s. unten) das Heimatmuseum beherbergt, ein Fachwerkhaus, eines der vielen Fachwerkhäuser, die in Hameln erhalten geblieben sind und das Bild der Stadt mitprägen.

Die Fachwerkhäuser Hamelns (und auch die anderer Städte des Weserberglandes) reichen vom schlichten Kleinbürger- und Bauernhaus bis zum Patrizierhaus. Allen Häusern gleich ist das Fachwerk, die Skelettbauweise, das tragende Gerüst aus hölzernen Pfosten, Querverbindungen und Streben. Die Zwischenräume, *Fache* oder *Gefache* genannt, werden mit Lehm oder Backsteinen ausgefüllt. Besteht die Füllung aus Lehm, so werden die Flächen in der Regel nur geweißelt. Werden zur Füllung Backsteine verwandt, so ist man bemüht, in jedem Fach ein anderes Steinmuster zu mauern.

Die Holzteile, die beim einfachsten Haus schlicht schwarz gehalten werden, sind in anderen Fällen mit Schnitzereien und Malereien geschmückt. Über dem rundbogigen Tor, durch das früher die Erntewagen in den Hof fuhren, oder auf einem großen Querbalken findet sich in der Regel eine Inschrift, die über den Bauherrn und die Bauzeit Auskunft gibt (oft in Verbindung mit einem frommen Spruch oder einer Lebensweisheit). Zu den schönsten Fassadenschnitzereien gehören die Fächerrosetten, Halbkreise, deren Inneres von einer halben fächerartigen Rosette gebildet wird; die einzelnen

Leisthaus

Fächerglieder sind in unterschiedlichen Farben bemalt. Vielfach bilden solche Fächerrosetten zwischen der Schwelle (Hauptbalken zwischen zwei Stockwerken) und dem darüber verlaufenden Brustriegel (Querverbindung unter der Fensterreihe) ein Ornamentband. Diese und andere Schmuckformen des Fachwerkbaus werden in der Renaissance vom Steinbau übernommen.

Bei vielen Fachwerkhäusern, auch beim Stiftsherrenhaus, stehen die oberen Stockwerke etwas über. Die vorstehenden Balkenköpfe werden in diesem Fall meist von sogenannten *Knaggen* gestützt, die sich ausgezeichnet für die Anbringung figürlichen Schmucks eignen. So sind an den Knaggen des Stiftsherrenhauses über dem Erdgeschoß Christus und die Apostel, über dem ersten Stockwerk Personen und Szenen aus dem Alten Testament und über dem zweiten Stockwerk Sternbilder dargestellt.

Leisthaus (Osterstraße 9) [5]. Dieses neben dem Stiftsherrenhaus stehende und in den Jahren 1585 bis 1589 von Cord Tönnies für Gerd Leist erbaute Haus gehört zu den Bauten der Weserrenaissance. Seine Fassade erscheint im Verhältnis zur Fassade des Rattenfängerhauses (s.S. 14) zum größeren Teil schmuckarm. Der Baumeister hat offensichtlich den Hauptwert auf die Gestaltung der Utlucht gelegt, die mit Darstellungen der Tugenden geschmückt ist und in einem Giebel ihren Abschluß findet. Eine Lukrezia-Figur steht in der Ädikula des Utlucht-Giebels.

Das Leisthaus dient heute als *Heimatmuseum*. Neben Sammlungen zur Stadtgeschichte ist dort vor allem eine Sammlung zu sehen, die sich eingehend mit der Sage vom Rattenfänger befaßt. *Das Museum ist täglich von 10 bis 13 Uhr, im Sommer zusätzlich dienstags bis freitags von 14 bis 16 Uhr geöffnet.*

Östlich der Einmündung der Osterstraße in den Wall, also östlich des Rattenfängerhauses und der ehemaligen Garnisonskirche, beginnt die breite *Deisterallee*. An ihrer Nordseite liegt zwischen *Kastanienwall* und *Franz-von-Dingelstedt-Straße* der hübsche *Bürgergarten* [6], der bis in die Nähe der Hamel reicht und damit einen Teil des Geländes einnimmt, auf dem sich früher die Vorwerke und Bastionen der Stadtbefestigung befunden haben. Dieses Gelände erstreckte sich von den auf Seite 12 genannten Wallstraßen bis zur Hamel. Am Rande des Bürgergartens stehen das Haus des *Verkehrsvereins* (Deisterallee), das Gebäude der *Landeszentralbank* (Kastanienwall 43), das 1902 erbaut wurde und dessen Fassade den Stil der Renaissance nachahmt, und das *Studio des Kunstkreises* (Dingelstedt-Straße).

Im Hintergrund, nördlich der Dingelstedt-Straße, erhebt sich die vielgliedrige moderne *Weserbergland-Festhalle*, in der Konzerte stattfinden und Opern- sowie Schauspielensembles vor allem aus norddeutschen Städten Gastspiele geben.

Am westlichsten Abschnitt des Kastanienwalles stehen die beiden Türme, die von der mittelalterlichen Stadtbefestigung übriggeblieben sind: der *Haspelmath-Turm* (Emmernstraße) und der *Pulverturm* (Neue Torstraße) [7]. Die *Neue Torstraße* führt wieder ins Innere der Altstadt und findet ihre Fortsetzung in der *Ritterstraße* (beachtenswert sind die Häuser 8 und 1, beide 16. Jh.), die am *Markt* endet. Am Markt stehen unter anderem das Dempterhaus und die Marktkirche.

Dempterhaus [8]. Tobias von Dempter ließ dieses Haus 1607 erbauen. Die beiden unteren Geschosse, die aus behauenem Sandstein bestehen, entsprechen den Steinbauten der Weserrenaissance. Das Rundbogenportal und die Utlucht sind erhalten, jedoch ist das untere Geschoß der Utlucht durch den Einbau eines Schaufensters verschandelt worden. Ursprünglich war diese Utlucht derjenigen des Leisthauses (s.S. 15) ähnlich. In den oberen Geschossen ist das Dempterhaus ein Fachwerkhaus. Das Fachwerk zeichnet sich durch geschnitzte Balken und Füllungen (Holzplatten mit farbigen Schnitzereien; großer Formenreichtum) aus.

Marktkirche [9]. Die im 13. Jahrhundert unter Verwendung von Bauteilen des im 11. Jahrhundert errichteten romanischen Gotteshauses in langer Bauzeit entstandene, vorwiegend gotische Kirche wurde im Zweiten Weltkrieg zerstört. Der zum größten Teil originalgetreue Wiederaufbau ist inzwischen vollendet. Von der alten Innenausstattung der Kirche ist nichts Nennenswertes erhalten geblieben.

An das im Zweiten Weltkrieg zerstörte Rathaus erinnern nur noch die rechts der Marktkirche gelegene *Rathausterrasse* (auch Hochzeitshausterrasse genannt), auf der – eine touristische Attraktion – von Mai bis September sonntags ab 12 Uhr das *Rattenfängerspiel* aufgeführt wird. Es wird in Hameln überhaupt alles getan, die Erinnerung an die Ratten wachzuhalten.

In Bäckereien und Andenkengeschäften gibt es Ratten mit der Aufschrift »Gruß aus Hameln« in Massen. Wo es irgend möglich ist, wird in der Werbung und in den Namen von Vereinen, Restaurants usw. auf die Ratten und den Rattenfänger hingewiesen.

Neben der Rathausterrasse steht, die Hauptfassade der Osterstraße zugewandt, das in den Jahren 1610 bis 1617 erbaute

Hochzeitshaus. Es handelt sich hier um einen repräsentativen Bau, den die Stadt Hameln als Festhaus errichten ließ. Die Weserrenaissance weist an diesem Haus etwas strengere Formen auf als an den bisher erwähnten Häusern. Alle Fassaden sind durch Reihen von kerbschnittgeschmückten Bossensteinen kräftig horizontal gegliedert. Diese gleichmäßige Gliederung wird nur durch den breiten und reich geschmückten Fries über dem Erdgeschoß unterbrochen. Der Schmuck der Giebel an den Seitenfassaden und der drei Aufbauten über der Hauptfassade ist auf Voluten beschränkt.

Im Hochzeitshaus befand sich früher auch die Rathausapotheke. Sie war von 1820 bis 1841 im Besitz von *Friedrich Wilhelm Sertürner* (1783–1841), der 1806 in Paderborn das *Morphin* (die volkstümliche Bezeichnung ist Morphium) entdeckte. Heute sind im Hochzeitshaus Abteilungen der Stadtverwaltung untergebracht.

Schräg gegenüber dem Hochzeitshaus führt die *Fischpfortenstraße* zur Weser. An der rechten Seite dieser an Fachwerkbauten noch recht reichen Straße steht ein viergeschossiges Fachwerkhaus (Nr. 11), dessen drei Obergeschosse überstehen und von Knaggen gestützt werden. In diesem Haus hat *Wilhelm Busch* (1832–1908) mehrmals bei einem Onkel zu Besuch geweilt. Auf der anderen Straßenseite ist in die Fassade des Hauses 20 (19. Jh.) eine Bildhauerarbeit (Beischlagwange aus Sandstein) aus der Zeit der Renaissance eingelassen; sie stellt *Adam und Eva unter dem Paradiesbaum* dar und stammt von dem Fachwerkhaus, das dort früher gestanden hat.

Vom Markt aus geht die *Bäckerstraße* in südlicher Richtung zum Wall. An der *Wendenstraße*, einer westlichen Seitenstraße der Bäckerstraße, ist das Haus Nr. 8, das 1638 erbaute *Wichmann-* oder *Lükkinghaus* [10], einer der letzten Bauten der für Hameln so bedeutenden Renaissancezeit. Außerdem gibt es in diesem Viertel etliche Steinhäuser, die zu einem wesentlichen Teil weit in die Zeit der Gotik zurückreichen, insbesondere die Häuser Bäckerstraße 12 (um 1300) und 43 (ebenfalls um 1300, aber 1516 durch Fachwerk verändert). Das beachtenswerteste Haus ist (Bäckerstraße 16), der

Rattenkrug [11]. Dieses Haus ist ein gotisches Steinhaus, dem 1568–1569 von Cord Tönnies eine Renaissancefassade mit Utlucht gegeben wurde. Die Gliederung der Fassade entspricht bereits derjenigen der späteren Renaissancehäuser, das Schmuckwerk ist jedoch wesentlich bescheidener. In dem Haus befindet sich die »Gaststätte zum Rattenkrug«.

Stadtforst Hameln. Zu Spaziergängen außerhalb der Stadt lädt der Stadtforst Hameln ein, der nordöstlich, nördlich und südwestlich der Stadt liegt. Im nordöstlichen Teil befindet sich der *Bismarckturm* (Restaurant nahebei), bis zu dem man mit öffentlichen Verkehrsmitteln gelangen kann. Der südwestliche Teil hat seine höchste Erhebung im Klüt-Berg (Auf dem Klüt; 256 m), auf dem der *Klütturm* steht (Aussichtsturm; Restaurant siehe unten). Auch zu ihm kann man mit öffentlichen Verkehrsmitteln fahren. Unweit der Weserbrücke zweigt aber vom Finkenborner Weg die Redenallee ab, der kürzeste Fußweg zum Klütturm.

Ohrberg. Zum südlichen Stadtteil *Klein-Berkel* gehört der exotische Bergpark Ohrberg. Die Schiffe »Rattenfänger« und »Wappen von Hameln« fahren im Sommer sonntags ab 9.30 Uhr halbstündlich und werktags ab 13.30 Uhr stündlich zur Anlegestelle Ohrberg, von der aus ein Pfad zum Park hinaufführt. Der Park wurde ab 1817 von Georg Adolf von Hake (1779–1840; Denkmal von 1841 im Park), der ein Buch über Gartenbaukunst geschrieben hat, angelegt. Der Anpflanzung exotischer Sträucher und Bäume galt seine besondere Aufmerksamkeit. Der Besuch des Parks empfiehlt sich vor allem im Mai und Juni, wenn Azaleen und Rhododendron blühen.

Hameln-Hastenbeck. Dieser Ortsteil liegt rund 7 km südöstlich des Stadtzentrums. Seine *evangelische Pfarrkirche* wurde 1620 erbaut und besitzt eine gute Innenausstattung, die fast ausschließlich aus dem 17. Jahrhundert stammt. Das Herrenhaus des *Schlosses Hastenbeck* (Rittergut von Reden) ist ein neugotischer Bau von 1869. Im Ort erinnert nichts mehr an die *Schlacht von Hastenbeck* (Siebenjähriger Krieg), in der sich 1757 die Franzosen und die Verbündeten Preußens gegenüberstanden. Das Kuriose an dieser Schlacht war, daß beide Oberbefehlshaber die Übersicht verloren und den Befehl zum Rückzug gaben. Wilhelm Raabe hat in seiner Erzählung »Hastenbeck« (1899) dieses geschichtliche Ereignis, das schließlich doch mit einem französischen Sieg endete, beschrieben.

PRAKTISCHE HINWEISE

Information: Verkehrsverein, Deisterallee, am Bürgergarten.

An den Strecken Löhne-Braunschweig und Hannover-Altenbeken; ferner Verbindungen nach Lemgo und Lage.

Bad Nenndorf, Bad Pyrmont, Bodenwerder, Coppenbrügge, Detmold, Emmerthal, Hannover, Hessisch Oldendorf, Holzminden, Lemgo, Polle-Ottenstein, Rinteln, Salzhemmendorf, Stadtoldendorf.

Strecken Hameln – Hannoversch Münden und Hameln – Vlotho sowie Lokalverkehr nach Ohrberg.

»Dorint-Hotel Weserbergland«, v.-Dingelstedtstraße 3.

»Sintermann«, Bahnhofsplatz 2; »Zur Krone«, Osterstraße 30; »Zur Börse«, Osterstraße 41a.

»Goldener Löwe«, Alte Heerstraße 90; »Wronna« (Garni), Feuergraben 55 und Sprengerstraße 45.

Restaurants: »Weinstuben am Kamin«, Pyrmonter Str. 12 (links der Weser; montags geschlossen); »Klütturm«, Auf dem Klüt (s. oben; dienstags geschlossen).

Fischbecker Straße 33 (ganzj.).

Mehrere Plätze in allen Ortsteilen.

Frei- und Hallenbad, ferner Freibäder in den Ortsteilen Bannensiek (westlich) und Unsen (nordöstlich).

Minden

Minden (42 m; 84000 Einw.) liegt rund 5 km nördlich der Porta Westfalica und somit außerhalb des Weserberglandes. Die Stadt ist aber mit dem Weserbergland in so vielfältiger – auch in touristischer – Weise verbunden, daß sie in diesem Reiseführer nicht fehlen darf.

GESCHICHTE

Die am linken Weserufer gelegene Stadt dürfte auf eine Fischersiedlung zurückgehen, die vielleicht schon in vorsächsischer Zeit entstanden ist. *Karl der Große*, der dort 798 eine Heeresversammlung abhielt, machte den Ort wenige Jahre später zum Bischofssitz. Neben dem geistlichen Bezirk, der *Domburg*, entstand eine Kaufmannssiedlung (Kern rund um den heutigen Markt), die schnell auch für das Hinterland wirtschaftliche Bedeutung erlangte. Die Stadtbildung scheint zu Beginn des 13. Jahrhunderts zum Abschluß gekommen zu sein. Um diese Zeit gehörte Minden dem *rheinisch-westfälischen Städtebund* und der *Hanse* an.

Stadtherr war zunächst der Bischof, dessen Macht aber seit Beginn des 13. Jahrhunderts zunehmend geschwächt wurde.

1529 schloß sich Minden unter Führung des Pfarrers Nikolaus Krage der Reformation an. Im 30jährigen Krieg kam der Handel zum Erliegen, wurde die Stadt zur Festung ausgebaut, das säkularisierte Bistum Minden schließlich im *Westfälischen Frieden* (1648) mit der Stadt Minden *Brandenburg* (Preußen) zugesprochen.

1759 (Siebenjähriger Krieg) fand vor den Toren Mindens, und zwar bei dem nördlich gelegenen *Todtenhausen*, eine Schlacht zwischen den Alliierten (Preußen und seine Verbündeten) und den Franzosen statt, die mit einem Sieg der Alliierten endete (*Schlacht von Todtenhausen* oder *Schlacht von Minden*). Näheres hierzu wird im Zusammenhang mit dem Heimatmuseum (s. S. 20) gesagt.

1763 ließ Friedrich II. von Preußen die Festungsanlagen schleifen, 1816 wurden sie aber neu errichtet und hatten dann bis 1873 Bestand. Heute befinden sich an der Stelle der Festungswerke hübsche Anlagen (an die Festungswerke erinnern die Straßennamen *Simeonsglacis, Königsglacis, Marienglacis* und *Fischerglacis*).

Gegen Ende des Zweiten Weltkrieges erlitt die Stadt beträchtliche Zerstörungen. Die Schäden sind inzwischen im wesentlichen behoben worden.

SEHENSWÜRDIGKEITEN

Man beginnt den Rundgang durch die Altstadt (sie entspricht dem bis 1873 von Festungsanlagen umgebenen Teil Mindens) am besten am

Markt [1]. An ihm steht zwischen Scharn und Kleinem Domhof (beides Straßen) das *Rathaus*, dessen Erdgeschoß (Laubengang) noch von dem Ende des 13. Jahrhunderts errichteten Gebäude stammt (der Oberbau wurde 1945 zerstört und 1953–1954 in schlichten, zum gotischen Laubengang passenden Formen erneuert). Mit dem vierjochigen Laubengang besitzt das Mindener Rathaus den ältesten erhalten gebliebenen Rathausteil Westfalens. Der *Ratskeller* (mächtiges Tonnengewölbe) mit seinen »Ratsstuben« und seinem Bierkeller »Die Tonne« ist einen Besuch wert (montags geschlossen). Am Rathaus entlang führt nach rechts (Osten) der Kleine Domhof zum

Dom [2]. Der älteste Teil des Domes ist der Westbau (s. unten stehende Abbildung), der im Kern noch aus dem 10. Jahrhundert stammt und Mitte des 12. Jahrhunderts seine heutige Form erhielt. Die dem Westbau vorgesetzte Vorhalle, das sogenannte *Paradies*, stammt aus der Zeit von 1062 bis 1071 (Untergeschoß) und etwa 1200 (Obergeschoß). Der spätromanische Ostteil des Domes (Chor und Querschiff) wurde zu Beginn des 13. Jahrhunderts errichtet. Es folgte das gotische Langhaus (1290 vollendet), dem die gotischen Kathedralen Frankreichs als Vorbild dienten und das zur schönsten westfälischen Hallenkirche geworden ist. Besonders großartig sind die Maßwerkfenster

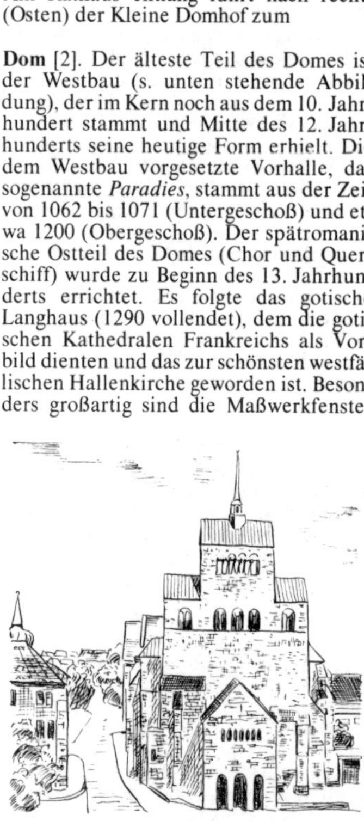

Mindener Dom

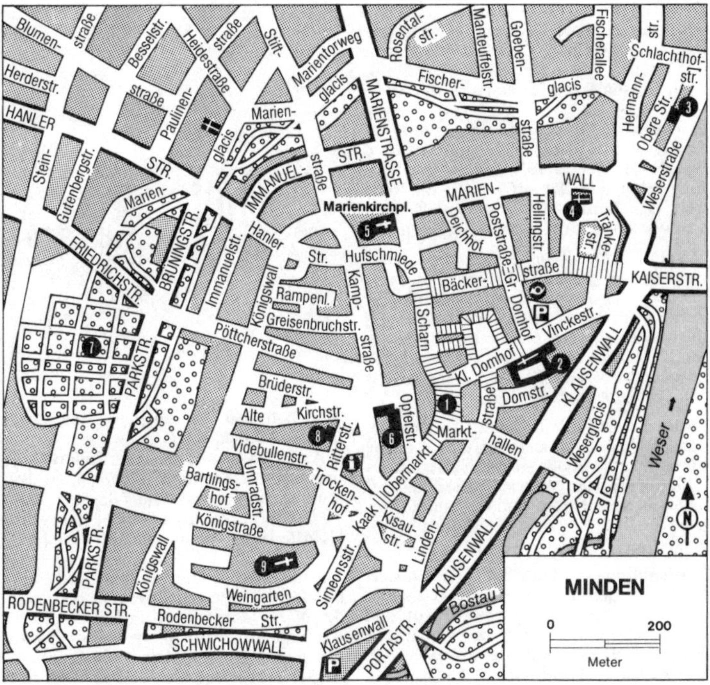

des Langhauses. Den Zweiten Weltkrieg überstand nicht viel mehr als das Mauerwerk. Der meisterhafte Wiederaufbau wurde 1957 abgeschlossen.

Von der Innenausstattung ist an erster Stelle das *Mindener Kreuz* (am nordwestlichen Vierungspfeiler) zu nennen. Es handelt sich um einen Bronzeguß aus der Zeit um 1070 (Augen und Lendentuch sind in Niello, einer speziellen Verzierungstechnik der Goldschmiedekunst, ausgeführt). Am südwestlichen Vierungspfeiler ist eine Wandmalerei aus dem späten 13. Jahrhundert zu sehen, eine der wenigen erhaltenen frühgotischen Wandmalereien Westfalens. Der über dem Südportal angebrachte steinerne *Apostelfries* stammt vom ehemaligen Lettner (um 1270; restauriert).

Von der modernen Innenausstattung sind zu nennen; die Kanzel von Werner March und Zoltán Székessy, der Taufstein von Gisela Leo-Stellbrinck, die Kreuzwegstationen von Gerhard Bücker und die leuchtenden Glasmalereien von Vincenz Pieper und Anton Wendling.

Im Nordturm des Westwerks befindet sich der ungewöhnlich reiche *Domschatz*. Er enthält vor allem kostbare Gold- und Silberarbeiten, die zum Teil aus dem 11. und 12. Jahrhundert stammen. Die älteste Kostbarkeit ist ein Elfenbeinbuchdeckel (zweite Hälfte des 9. Jh.) mit einer Darstellung der Himmelfahrt Christi. Im Obergeschoß der Vorhalle ist das *Dombaumuseum* eingerichtet, in dem u.a. Architektur- und Ausstattungsfragmente zu sehen sind, die aus den Trümmern geborgen wurden.

Der Dom kann montags bis freitags von 9 bis 11 und 15.30 bis 18.00 Uhr, samstags nur von 9 bis 11 Uhr, der Domschatz mit Dombaumuseum nach Vereinbarung (Telefon 2 30 74) besichtigt werden.

Zwischen *Stadthaus* (an der Stelle des ehemaligen Fürstbischöflichen Palais' errichtetes Verwaltungsgebäude) und Post führt der *Große Domhof* (Straße) zur *Bäckerstraße*, an der das *Haus Hill* (Nr. 45) steht. Dieses um 1592 erbaute Haus gehört zu den schönsten Häusern der Weserrenaissance in Minden.

Folgt man der Bäckerstraße zur *Weserbrücke* (dort steht ein 1901 geschaffenes

Denkmal für den Großen Kurfürsten) und geht man dann die *Weserstraße* nach Norden, so kommt man, vorbei an einem Rest der alten *Stadtmauer*, in die altertümlichen Gassen und Gäßchen der

Fischerstadt [3], die *Flint* genannt wird. Dieses Viertel darf als der unmittelbare Nachfolger der sächsischen Fischersiedlung gelten, von der auf Seite 18 die Rede war. Der Besuch der Fischerstadt lohnt sich vor allem für Amateurfotografen.

Vom *Fischertor* aus geht man zum *Marienwall*, an dessen südlicher Seite rund um *Johannis-Kirchhof* und *Johannis-Kirche* ein malerisches Altstadtviertel [4] liegt. Die spätromanische Kirche wurde um 1200 erbaut und später verändert. Ein besonders schönes Fachwerkhaus ist das 1561 erbaute Haus Johannis-Kirchhof 2.

Der Marienwall endet im Westen am *Marienkirchplatz*, zu dem eine Treppe hinaufführt (Minden liegt auf zwei unterschiedlich hohen Weserterrassen, so daß man von einer Unter- und Oberstadt sprechen kann). Dort steht die Stadt überragend die

Marienkirche [5]. Die ehemalige Klosterkirche wurde im 12. Jahrhundert als einschiffige romanische Kirche erbaut und im 14. Jahrhundert durch den Anbau von Seitenschiffen zur Hallenkirche erweitert. Der mächtige Turm gilt als Wahrzeichen Mindens. Zu den besten Stücken der Innenausstattung gehören der Taufstein (1598), die Kanzel (1605) und – im Chor – das Epitaph des Söldnerführers Jürgen von Holle (1514–1576), der von der heute fast ganz verschwundenen Burg Himmelreich in Friedewalde (nordwestlich von Minden) stammte.

Vom Marienkirchplatz aus führt die *Kampstraße* zum *Martinikirchhof* [6]. Auf diesem Weg kommt man an der nach rechts abzweigenden *Pöttcherstraße* vorbei, an der (Haus Nr. 27) ein heute als Stadtbücherei dienendes Barockschlößchen (1719) steht. Die Pöttcherstraße endet vor dem *Alten Friedhof* [7], der einen Teil der ehemaligen Festungsanlagen einnimmt und in den Jahren 1920 bis 1923 in einen Park (Botanischer Garten) umgewandelt wurde. *Der Park ist im Sommer von 7 bis 20, im Winter von 8 bis 17 Uhr geöffnet.*

Südlich parallel zur Pöttcherstraße verläuft die *Brüderstraße*. Gleich an ihrem Anfang steht die *Alte Münze*, ein im Kern romanisches Gebäude, das gegen Ende des 13. Jahrhunderts einen Umbau erfuhr (auf diesen Umbau gehen die Maßwerkfenster zurück; an der südlichen Giebelfront befinden sich ein Renaissanceerker und ein Barockportal).

Windloch

An der Südseite des Martinikirchhofs liegen das sogenannte *Windloch*, zu dessen Fachwerkhäusern auch das hier abgebildete und als Kuriosität beachtenswerte kleinste Haus Mindens gehört, und die

Martini-Kirche. Die im späten 12. Jahrhundert erbaute romanische Kirche wurde im 14. Jahrhundert im Stil der Gotik um- und ausgebaut. Wertvolle Stücke der Innenausstattung sind das bronzene Taufbecken (1583), die Kanzel (frühes 17. Jh.), das spätgotische Chorgestühl und einige Epitaphien, darunter das Bulläus-Epitaph (1615). *Die Kirche ist im Sommer von 7 bis 18, im Winter von 9 bis 16 Uhr geöffnet.* Will man vom Markt aus direkt zu ihr gehen, so benutzt man die gegenüber dem Rathaus gelegenen Treppen zwischen Scharn und Martinikirchhof.

Rechts des oben erwähnten kleinsten Hauses von Minden führt die *Ritterstraße* weiter nach Süden. An ihrer rechten Seite stehen nebeneinander einige Giebelhäuser (17. Jh.). Sie beherbergen zusammen mit einem Neubau, dessen Erker mit alten Reliefs geschmückt ist, das

Heimatmuseum [8]. Die Sammlungen des Museums beziehen sich auf Ur- und Vorgeschichte der Umgebung von Minden, auf die Stadtgeschichte, auf bäuerliche und bürgerliche Kultur in Minden und Umgebung, auf das Kunstschaffen der Mindener Gegend (u.a. spätmittelalterliche Marienstatue eines unbekannten westfälischen Meisters, Arbeiten des aus Minden stammenden Otto Quante und des aus Hausberge stammenden Hermann Braun) und auf die bereits erwähnte Schlacht von Minden. In einem Schaubild

(1500 Zinnsoldaten) ist diese Schlacht dargestellt, deren Jahrestag, der Minden-Day, in England heute noch von den Traditionsbataillonen gefeiert wird. *Das Museum ist dienstags bis samstags von 10–13 und 15–17, sonntags von 10.30–13 Uhr geöffnet.*

Vorbei an der rechts der Ritterstraße gelegenen *Petrikirche* (1739–1742; der Ostturm ist erst 1896 angebaut worden) erreicht man die

Simeonskirche und **Mauritiuskirche** [9], die einander benachbart sind. Die ältere ist die Simeonskirche (frühes 13. Jh.; später verändert; im Innern sehr gutes Bronzetaufbecken von 1609), die im 18. Jahrhundert zeitweilig als Garnisonsspital gedient hat und seit 1881 wieder Gotteshaus ist. Die spätgotische Mauritiuskirche (2. Hälfte des 15. Jh.) wurde 1824 in ein Zeughaus umgewandelt. 1950 wurde die Kirche restauriert und dient nun wieder dem Gottesdienst.

Vom *Simeonskirchhof* aus kommt man durch die Straßen *Kaak* und *Obermarkt* (Haus Nr. 26 mit Barockportal) zum Markt zurück.

Wasserstraßenkreuz. Durch die nördlichen Stadtviertel fließt der *Mittellandkanal*, der nach langer Bauzeit 1938 eröffnet werden konnte. Auf einer 375 m langen Brücke wird er über die Weser hinweggeführt (sein Wasserspiegel liegt etwa 13 m über dem der Weser). Zwischen dem *Oberhafen* (Kanal) und dem *Unterhafen* (Weser) befindet sich die 83 m lange und 10 m breite *Schachtschleuse*, die die beiden Wasserstraßen miteinander verbindet (*der Besuchergang, von dem aus die Schleusung der Schiffe beobachtet werden kann, und die Ausstellungshalle, in der man sich mit den technischen Einzelheiten der Anlage vertraut machen kann, sind vom 1. April bis zum 31. Oktober von 9–18 Uhr geöffnet).* Ab Ober- und Unterhafen verkehren die Schiffe der Mindener Fahrgastschiffahrt auf der Weser und zwar fast immer mit Schleusung »Wasserstraßenkreuzfahrt«.

Potts Park. In den südwestlich des Stadtzentrums und am Fuß des Wiehengebirges gelegenen Ortsteil *Dützen* befindet sich Bergkirchener Straße 99 Potts Park, ein Freizeit- und Erholungszentrum für Kinder und Erwachsene (vom 31. März bis 4. November täglich ab 10 Uhr bis zum Einbruch der Dunkelheit geöffnet). In diesem landschaftlich schön gelegenen Park gibt es unter anderem: eine großartige Modelleisenbahnanlage (20 m lang und 3 m breit); eine Luftfahrtmodellhalle; ein Original-Einmann-U-Boot aus dem Zweiten Weltkrieg; das Kabinett »Bei Meiers Willem«, in dem eine westfälische Großfamilie in lebensgroßen Figuren und in häuslicher Umgebung dargestellt ist; ein Velodrom; ein 10000 qm großer Familienspielgarten mit Möglichkeit zu vielerlei sportlicher Betätigung; unter den Sportgeräten sogenannte Wackelfahrräder zum Training der Bein- und Lachmuskeln; Fahrten in Oldtimer-Autos; Restaurant »Café im Speisewagen« und vieles andere.

Es lohnt sich, den Besuch von Potts Park mit einem Besuch des im 2 km weiter westlich gelegenen Ortsteil Minden-Haddenhausen stehenden *Wasserschlosses Haddenhausen* zu verbinden. Eine ins Mittelalter zurückreichende und nach 1530 erneuerte Burg wurde 1613 bis 1616 im Stil der Weserrenaissance zum heutigen Schloß um- und ausgebaut. Das vor der Toreinfahrt stehende Fachwerkhaus ist ein Vierständerbau von 1761. Eine Außenbesichtigung des Schlosses ist möglich (Innenbesichtigung nach Rückfrage).

PRAKTISCHE HINWEISE

Information: Verkehrs- und Werbeamt, Ritterstraße 31.

An der Strecke Hannover-Hamm.

Bad Oeynhausen, Lübbecke, Petershagen, Rinteln (dort Anschluß nach Hameln, wohin täglich nur eine Direktverbindung besteht), Stadthagen.

Auf der Weser bis Porta Westfalica oder Vlotho; Wasserstraßenkreuzfahrten.

»Exquisit«, In den Bärenkämpen 2 a; »Silke« (garni), Fischerglacis 21.

»Victoria« (garni), Markt 11–13; »Bad Minden« (Solbad), Portastr. 36.

»Kronprinz«, Friedrich-Wilhelm-Straße 1–3.

nächste Jugendherberge in Porta Westfalica-Hausberge, Kirchsiek 30.

»Kanzlers Weide« (rechts der Weser, gegenüber dem Stadtzentrum).

Restaurants: »Ratskeller und Tonne«, Markt und Scharn (s.S. 18); »Schwedenschänke«, Martinikirchhof 9 (hübsches, gründlich restauriertes altes Fachwerkhaus); »Café-Restaurant Hagemeyer«, Scharn 11–17 (das Haupthaus ist ein Renaissancebau von 1592, dessen Erdgeschoß allerdings völlig verändert wurde; am Nebenhaus sind sieben Feldherrnreliefs aus dem 16. Jh. zu sehen); »Laterne«, Hahler Str. 38.

Herford

Herford (70000 Einw.), die größte Stadt des Weserberglandes, liegt in 68 m Höhe in einer Ebene, die von der *Werre* und der in Herford in sie einmündenden *Aa* durchflossen wird, aber bereits am Stadtrand, und zwar besonders im Osten, in die umgebende Hügellandschaft übergeht. Die Umgebung Herfords, wird als *Wittekindsland* bezeichnet, Herford selbst als seine Hauptstadt.

GESCHICHTE

Wie Hameln und Minden, so ist auch Herford an einer Furt entstanden, und zwar rund um das hochadlige *Damenstift*, das Ende des 8. Jahrhunderts gegründet worden sein dürfte und dessen *Münsterkirche* noch heute den Mittelpunkt der Stadt bildet. Westlich des Stiftes entwickelte sich in der Gegend von *Jakobikirche* und *Gänsemarkt* eine Ansiedlung von Händlern und Handwerkern (heute Stadtteil *Radewig*).

Spätestens um 1100 dürfte südlich der Münsterkirche, rund um den *Alten Markt*, die Kaufmannssiedlung entstanden sein, die nach Vereinigung mit der älteren Ansiedlung Radewig Ende des 12. Jahrhunderts Stadt wurde. Wenig später gründeten die Äbtissin von Herford und der Kölner Erzbischof Engelbert eine neue Stadt (östlich des Münsters, rund um den *Neuen Markt* gelegen), die bald mit der schon bestehenden Stadt vereinigt wurde. Man sprach nun von *Radewig, Altstadt* und *Neustadt*, und dementsprechend gibt es noch heute eine Radewiger, Altstädter und Neustädter Feldmark. Die Stadtbefestigung des 13. Jahrhunderts wurde im 16. Jahrhundert verstärkt und ab Ende des 18. Jahrhunderts nach und nach abgetragen.

Das Damenstift wurde schon kurz nach seiner Gründung reichsunmittelbar. Um die Reichsunmittelbarkeit der Stadt wurden am Reichskammergericht von 1507 bis 1631 Prozesse geführt. Herford wurde schließlich als Reichsstadt anerkannt, fiel aber 1652 endgültig an Brandenburg (Preußen), so daß das Prozeßergebnis bedeutungslos war. Schon vorher hatten sich Stadt und Stift der Reformation angeschlossen. Das Stift bestand als freiweltliches Damenstift bis 1803 fort.

Bald nach der Eröffnung der Köln-Mindener Eisenbahnlinie (1847), die über Herford führte, begann ein industrieller Aufschwung. Heute sind Textil- und Möbelindustrie für die Stadt wirtschaftlich am wichtigsten.

SEHENSWÜRDIGKEITEN

Das alte Herford, dessen Grenzen durch die *Wallstraßen* (Steintor-, Schul-, Lübbertor-, Bergertor-, Pöppelmann-,Renntor- und Deichtorwall) eindeutig bestimmt sind, ist eine Stadt mit krummen Straßen und Gassen und daher wenig übersichtlich, außerdem eine Stadt der Brücken; zahlreiche Brücken spannen sich über Aa, Werre, Bowerre (Alte Werre) und Stadtgraben. Mit der Besichtigung beginnt man am besten im Stadtzentrum, wo *Münsterkirchplatz* und *Rathausplatz* sich berühren. Dort steht die

Münsterkirche [1]. Das zwischen etwa 1220 und 1270 erbaute Gotteshaus ist die erste große Hallenkirche Westfalens, ein im wesentlich spätromanischer Bau, der im 14. Jahrhundert an der Südseite um gotische Bauten (Krämerchor und Beichtkammer) erweitert wurde. Die gotische Südseite ist die Schauseite der Kirche; neben den schon genannten Bauten befindet sich dort ein *Siebensonnentür* genannter Portalvorbau mit dem *Siebensonnenfenster* (im Maßwerk des Fensters sind eine Hauptsonne und sechs Nebensonnen dargestellt; einer Sage nach sollen die sieben Sonnen an einem Tag gleichzeitig geschienen haben, um den sumpfigen Grund auszutrocknen, auf dem die Kirche erbaut werden sollte). Links vom Portalvorbau befindet sich der Krämerchor und dann das mit reicher Bauornamentik versehene *Paradies*, dessen Gewölbe von einer Mittelsäule getragen wird und dessen Doppelportal den Haupteingang der Kirche bildet.

Die Innenausstattung der Kirche ist sehr reich (eine eingehende Besichtigung erfordert viel Zeit). Zu den bedeutendsten Ausstattungsstücken gehören: die Tumben (sarkophagähnlicher Grabüberbau mit Grabplatte) der Herforder Äbtissinnen, darunter die Tumba der 1442 gestorbenen Äbtissin Mechthild von Waldeck; das niederländische Kreuzigungsgemälde (16. Jh.), das sich wie die Tumben im Chor befindet; die Apostelfiguren (spätes 15. Jh.) an den Pfeilern des Mittelschiffs; die Christophorusfigur (um 1520) über der Paradiestür; die Kanzel (1635; Tür von 1669); die Glasmalereien (1953) von Erhard Klonk; das Triumphkreuz (1970).

An der südwestlich der Münsterkirche zur *Bäcker-* und *Radewiger Straße* führenden *Elisabethstraße* stehen noch einige *Abteihäuser* (Nr. 3, 7, 9 und 11), Fachwerkhäuser aus dem 17. Jahrhundert.

Jakobikirche [2]. Diese an der Radewiger Straße stehende Kirche wurde im 14. Jahrhundert erbaut. Bis zur Reformation war sie eine Station am Weg der nach Santiago de Compostela (Spanien) ziehenden *Jakobspilger*. 1530 wurde die Kirche geschlossen, aber 1590 wieder für den Gottesdienst geöffnet. Die Innenausstattung zeichnet sich durch gute Holzschnitzereien aus der Zeit der Spätrenaissance aus (Wandtäfelungen, Zunft- und Amtsstühle). Außerdem befindet sich dort unter anderem das *Hänge-Epitaph* (um 1620) des Bürgermeisters *Anton Brudtlacht* (er ließ 1590 die Kirche wieder öffnen) und seiner Frau.

Durch die *Brudtlachtstraße* kommt man zum *Deichtorwall*, an dem sich im Hause Nr. 2 das *Städtische Museum* [3] befindet. Außer stadtgeschichtlichen Sammlungen besitzt das Museum Kunstwerke aus der Zeit der Gotik, der Renaissance und des Barock, die vorwiegend aus dem Damenstift (Abtei) stammen. *Das Museum ist dienstags bis freitags von 11 bis 13 und 15 bis 17, samstags von 11 bis 13, sonntags von 10 bis 13 und 15 bis 17 Uhr geöffnet.*

Man folgt dem Wall, der am Stadtgraben und an der Bowerre entlang führt, bis zum Ende des *Schulwalls* und geht von dort aus in die nur wenige Schritte entfernten Grünanlagen des *Wilhelmsplatzes* [4]. In ihnen steht das einzige *Wittekinddenkmal* Deutschlands (die Beziehungen des sogenannten Wittekindlandes zu Wittekind sind aber nur durch Sagen überliefert; selbst für die Wittekindstadt *Enger*, s.S. 25, läßt sich eine Verbindung mit Wittekind nicht schlüssig beweisen).

Man geht den Schulwall zurück bis zur *Arndtstraße*, folgt dieser bis zum *Stephansplatz* (nördlich des Münsterkirchplatzes) und biegt dann in die *Hämelinger Straße* ein. An ihr steht die

Johanniskirche [5], die im 13. und 14. Jahrhundert erbaute gotische Kirche der ehemaligen Neustadt. Von der Innenausstattung her kann man die Kirche als ein Museum der Herforder Holzschnitzkunst bezeichnen, die im 17. Jahrhundert ihre Blütezeit erlebte. Die Kirche war seit der Reformation vor allem die Kirche der Handwerker. Zu ihren Holzschnitzarbeiten gehören daher in erster Linie *Handwerker-Priechen* (den einzelnen Zünften vorbehaltene, von durchbrochenen Holzwänden umschlossene Emporen) und die Amtstühle der einzelnen Zünfte (der Leineweber, Schneider, Bäcker u.a.).

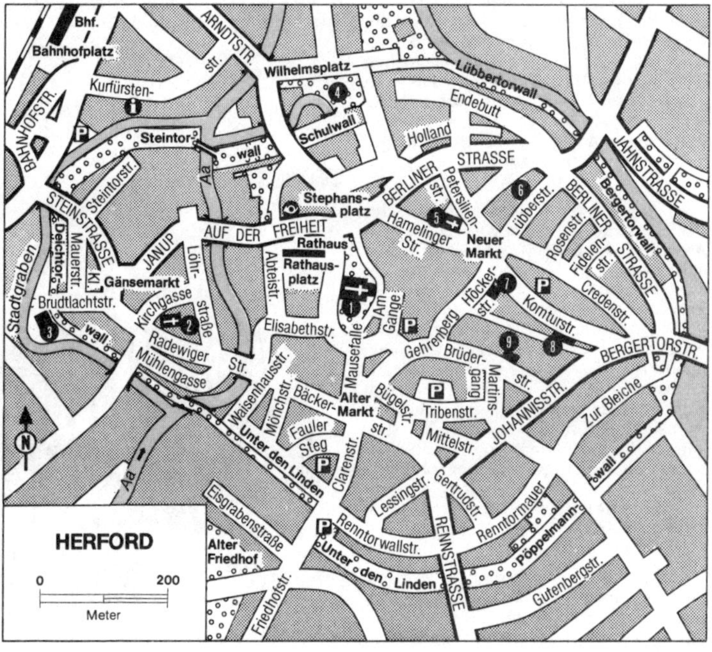

Östlich der Johanniskirche liegt der *Neue Markt* und ein wenig nördlich davon die *Frühherrenstraße* (Nebenstraße der *Petersilienstraße*). Das Haus Frühherrenstraße 11, das sogenannte *Frühherrenhaus* [6] (1553; Fassade im wesentlichen von 1591, ist das Geburtshaus des U-Boot-Kommandanten Otto Weddigen (1882–1915), der 1915 im Pentland Firth (zwischen Schottland und den Orkney-Inseln) mit U 29 unterging.

Vom Neuen Markt, der mit dem *Neustädter Marktbrunnen* (1599) geschmückt ist, zweigt nach Südwesten die *Höckerstraße* ab. Das spätgotische Giebelhaus Höckerstraße 4 [7], 1538 erbaut und *Bürgermeisterhaus* genannt, gilt als Geburtshaus des Baumeisters Matthes Daniel Pöppelmann (s.S. 10) und wird daher auch *Pöppelmann-Haus* genannt. Es ist eines der bemerkenswertesten alten Steinhäuser der Stadt.

Eine weitere vom Neuen Markt ausgehende Straße ist die *Komturstraße*. An ihr steht die ehemalige *Johanniterkommende* [8], und zwar ein Rest des heute als katholisches Pfarrhaus dienenden *Komturhauses* (im Kern um 1500; im 18. Jh. weitgehend erneuert) und die Kirche (1715; später erweitert), in der sich ein Vesperbild aus dem 16. Jahrhundert befindet.

An die Komturstraße schließt sich die *Bergertorstraße* an, die über die beiden Arme der Werre hinweg in das ehemalige Dorf *Berg* (rechts außerhalb des auf S. 23 abgebildeten Stadtplans) führt. Die *Schützenstraße* und der *Steinweg* führen durch dies um den *Luttenberg* herum gelegene Viertel hinauf zur

Marienkirche, die früher die Kirche des 1011 gegründeten Stifts *St. Marien zum Kreuz auf dem Berge* war. Das Stift wurde auf Grund einer Marienerscheinung, die ein Hirtenjunge auf dem Luttenberg gehabt hatte, gegründet.

Die ursprünglich romanische Kirche wurde in der ersten Hälfte des 14. Jahrhunderts in die heutige gotische Hallenkirche umgewandelt, die zu den schönsten gotischen Kirchen Westfalens gehört. In dem als Hochaltaraufsatz dienenden, steinernen Reliquientabernakel (15. Jh.) befindet sich der Baumstamm, der früher die Stelle der Marienerscheinung gekennzeichnet hat. Die steinerne Marienstatue (*Stehende Muttergottes*) dürfte um 1330 geschaffen worden sein.

Man geht zur Bergertorstraße zurück und dann weiter zur *Johannisstraße*. Von dieser zweigt nach rechts die *Brüderstraße* ab, an der noch spätgotische Fachwerkhäuser aus der ersten Hälfte des 16. Jahrhunderts stehen. Das älteste (1521) und ansehnlichste ist das *Remensnider-Haus* (Nr. 26) [9], zu dessen Schmuckwerk unter anderem die Figuren (Christus, Apostel, Heilige, Tugenden und Laster usw.) an den Knaggen des Fachwerks gehören.

Solchen Figurenschmuck weist auch das Haus Nr. 8 (um 1530) an der *Tribenstraße* (sie verläuft von der Johannisstraße aus parallel zur Brüderstraße) auf. Durch die Tribenstraße kommt man zum *Alten Markt*, von dem aus man durch die *Mausefalle* zur Münsterkirche, dem Ausgangspunkt des Rundgangs, zurückgeht.

Es gibt neben den hier erwähnten Bauten noch viele andere alte Häuser. Auf einem kreuz und quer durch die Altstadt führenden Spaziergang läßt sich also noch manche Entdeckung machen.

PRAKTISCHE HINWEISE

Information: Verkehrs- und Werbeamt, Fürstenaustraße 7.

Altenbeken, Bielefeld, Lübbecke, Minden/Stadthagen u.a.

Bielefeld (mehrere Strecken), Bünde, Detmold/Lemgo, Lübbecke u.a.

»Hansa« (garni), Brüderstr. 40; »Haus Twachtmann«, Bügelstr. 3–5.

»Stadt Köln«, Bügelstraße 6; »Waldesrand«, Zum Forst 4.

Campingplatz Herford; Hücker-Aschen, Hückermoor; »Elisabeth-See«, Eickum (ganztägig geöffnet).

Hallen- und Freibäder.

Remensnider-Haus

AUSFLÜGE

Es werden hier nur Ausflugsziele beschrieben, die auf den ab Seite 39 vorgeschlagenen Rundfahrten nicht berührt werden.

1. Enger (18 000 Einw.), knapp 9 km nordwestlich von Herford. Dort soll sich der Sachsenherzog Wittekind nach seinem Übertritt zum Christentum niedergelassen haben. In der dortigen Kirche, die er selbst gegründet hatte, soll er beigesetzt worden sein. Die heutige Kirche (evangelische Pfarrkirche) stammt im wesentlichen aus dem 12. und 14. Jahrhundert (die unteren Teile des Turmes vielleicht noch aus der Zeit um 1000). In ihrem Chor steht die *Tumba* (s.S. 22) Wittekinds. Sie wurde um 1590 angefertigt, die *Deckplatte,* auf der Wittekind dargestellt ist, stammt aber aus dem 11. Jahrhundert und ist eine der besten Bildhauerarbeiten jener Zeit. In einem Wandschrein hinter der Tumba sind Gebeine ausgestellt, die als die Gebeine Wittekinds gelten (sie sollen im Mittelalter dem Grab entnommen und zur Verehrung ausgestellt worden sein und sind nicht mehr vollständig). Der *Schnitzaltar* (1525) ist eine hervorragende Arbeit des Hildesheimers Hinrik Stavoer. Der Altar ist über 6 m breit und weist in der Mitte eine figurenreiche Darstellung der Kreuzigung auf, der sich unter anderem zwölf Reliefs mit Passionsszenen zugesellen.

Neben der Kirche befindet sich die *Widukind-Gedächtnisstätte* (in Enger wird vorzugsweise die Namensform Widukind benutzt), ein kleines Museum. Am 6. Januar, dem angeblichen Todestag Wittekinds, wird das *Timpkenfest* gefeiert; die Beisetzung Wittekinds wird nachvollzogen, die Kinder bekommen ein »Timpken« genanntes Gebäck, die Armen Brot und Wurst.

In Enger und Umgebung gibt es die sogenannten *Sattelmeierhöfe,* besonders stattliche und einst mit Vorrechten ausgestattete Höfe, die ursprünglich den engsten Gefolgsleuten Wittekinds gehört haben sollen. In Enger selbst sind es der *Nordhof*, in *Westerenger* der *Baringhof* und der *Ringsthof.*

2. Bünde (43 000 Einw.). Den Besuch dieser Stadt kann man mit dem von Enger verbinden (etwa 7 km ab Enger; ab Herford direkt rund 12 km). Bünde ist in erster Linie als »Zigarrenstadt« bekannt (Hauptsitz der westfälischen Zigarrenindustrie). Die meistbesuchte Sehenswürdigkeit ist daher das *Deutsche Tabak-und Zigarrenmuseum.* In diesem Museum

Wittekinds-Tumba

sieht man Zeichnungen, Gemälde und alle möglichen, oft kuriosen Dinge, die mit der Herstellung von Zigarren, dem Rauchen und dem sonstigen Tabakgenuß zu tun haben. Das Prunkstück des Museums ist die *Riesenzigarre* (1,70 m lang, 0,68 m Höchstumfang, 9 kg schwer, theoretische Brenndauer 600 Stunden).

Mit wesentlich anderen Dingen macht die *Doberg-Sammlung* des *Heimatmuseums* bekannt. Dort sind Fossilien ausgestellt, die am *Doberg* (am südöstlichen Stadtrand von Bünde) gefunden worden sind. Am Doberg selbst liegen Gesteinsschichten frei, die vor 26 bis 38 Millionen Jahren entstanden sind.

Die beiden Museen sind montags bis samstags von 10–12 und 15–17 sonn- und feiertags von 11–12.30 Uhr geöffnet.

Die *Laurentiuskirche* verdient wegen ihrer Kanzel (1660) und wegen ihrer Bronzetaufe (16. Jh.) Beachtung.

Ein Ortsteil von Bünde ist das gut 5 km weiter nördlich gelegene *Bad Randringhausen,* in dem es Badebetriebe für Schwefel-, Stahl- und Moorbäder gibt und das von schönen Wald- und Wandergebieten umgeben ist.

Etwa 7 km westlich von Bünde (und etwa ebenso weit nordwestlich von Enger) liegt bei *Klein-Aschen* das *Hücker Moor*, dessen etwa 60 Morgen großer und von Wäldern umgebener See unter Landschaftsschutz steht, aber für den Wassersport freigegeben ist. – ⛺

Faßt man den Besuch von Enger und Bünde in einem einzigen Ausflug zusammen, so fährt man am besten über Enger nach Bünde, macht von dort gegebenenfalls einen Abstecher nach Bad Randringhausen und fährt dann von Bünde über das Hücker Moor nach Enger und Herford.

Lemgo

Lemgo (89 m; 38 000 Einw.) liegt vorwiegend, vor allem mit seiner Altstadt, am Nordufer der *Bega*, die in der Nähe von Bad Salzuflen in die Werre mündet. Lemgos Altstadt zählt in ihrer Gesamtheit zu den schönsten mittelalterlichen Städten Deutschlands (der Begriff mittelalterlich steht hier nicht nur für die Zeit vor etwa 1500, er schließt vielmehr auch die Epoche der späten Gotik und weitgehend auch die der Renaissance, die die Gotik nur mit Mühe zu verdrängen vermag, mit ein).

GESCHICHTE

Der Name der Stadt geht auf den Gaunamen *Limgauwe* (wohl gleich Lehmgau) zurück. Das kirchliche Zentrum dieses Gaus war die Gaukirche St. Johannis, von der außerhalb der Altstadt (am Steinweg) noch der *Johannisturm* (die Kirche wurde 1638 abgebrochen) steht. Um diese Kirche gab es eine dorfartige Ansiedlung, und neben ihr wurde um 1200 von dem Edelherrn *Bernhard II. zur Lippe* die Stadt Lemgo gegründet, die zunächst nur den nördlichen Teil der heutigen Altstadt ausmachte (um *Papen-*, *Mittel-* und *Echternstraße*). Kurz nach Mitte des 13. Jahrhunderts entstand zwischen dieser Stadt und dem Ufer der Bega eine weitere Stadt (*Neustadt*). Um 1365 wurden die beiden Städte zu einer Stadt vereinigt. Sie bildeten die heutige Altstadt, deren Begrenzung durch die Wallstraßen gekennzeichnet ist (Johannistor-, Slavertor-, Ostertor-, Kastanien- und Linden-Wall sowie Hoher Wall, ferner im Westen die Engelbert-Kämpfer-Straße). Die Stadt entwikkelte sich vor allem zu einer Kaufmannsstadt und wurde Mitglied der Hanse. In Erinnerung daran nennt sich Lemgo seit 1916 offiziell »Alte Hansestadt«.

Als während des 30jährigen Krieges der Tuch-, Garn- und Leinwandhandel, der die Grundlage des Lemgoer Wohlstandes bildete, zum Erliegen kam, begann der Niedergang der Stadt. Die bis 1681 andauernden *Hexenverfolgungen* brachten die Stadt an den Rand des Ruins. Lemgo wurde zum bedeutungslosen Ackerbürgerstädtchen.

Erst kurz vor dem 1. Weltkrieg erwachte die Stadt aus ihrer Lethargie. Das zeigte sich unter anderem daran, daß die Fachwerkschnitzereien der Häuser, die fast ausnahmslos seit langem unter Putz lagen, wieder freigelegt und gepflegt wurden. Die verfallene Stadtbefestigung wurde abgerissen; an ihre Stelle traten Parkanlagen. Nach dem 2. Weltkrieg ließen sich in Lemgo sehr viele Flüchtlinge nieder. Handwerk und Industrie (besonders Möbelherstellung) erlebten einen starken Aufschwung.

SEHENSWÜRDIGKEITEN

Der beste Ausgangspunkt für einen Rundgang durch die Lemgoer Altstadt ist der von alten Häusern umgebene

Marktplatz [1]. Er erhält sein Gepräge vor allem durch das an seiner Ostseite stehende *Rathaus*, hinter dem die ungleichen Türme der *Nikolaikirche* aufragen. Das Rathaus, eines der schönsten Deutschlands, ist ein Gebäudekomplex, an dem vom Ende des 15. bis zum Beginn des 17. Jahrhunderts gebaut worden ist und der stilistisch der Gotik und der Renaissance angehört. Während die dem Nikolai-Kirchplatz zugewandte Fassade einfach gehalten ist, gibt sich die Marktfassade mit ihren Lauben, Giebeln und Erkern als Schauseite; dies gilt in etwa auch für die der Mittelstraße zugewandte Seitenfassade, die eine Renaissance-Vorhalle erhalten hat. Einen besonders eindrucksvollen Schmuck weist der Erker der *Rathausapotheke* (der Gebäudeteil Ecke Marktplatz und Mittelstraße) auf: einen Fries mit den Halbfiguren zehn berühmter Naturforscher und Ärzte, der 1612 geschaffen wurde. An der südlichen Seitenfassa-

Rathaus und Nikolaikirche

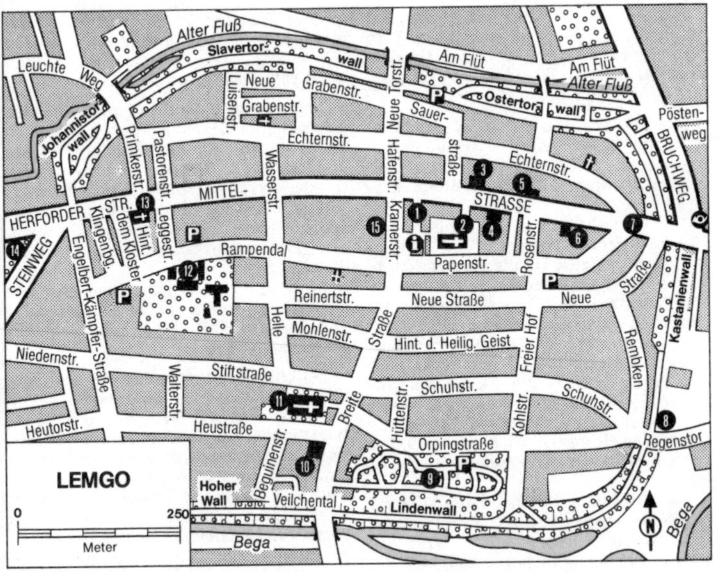

de des Rathauses entlang geht man hinüber zum *Nikolai-Kirchplatz*, an dem unter anderem eine hübsche Gruppe von Fachwerkhäusern steht. Das den Platz beherrschende Bauwerk ist die

Nikolaikirche [2], die Pfarrkirche der um 1200 gegründeten Stadt. Aus der um 1220 in Angriff genommenen romanischen Kirche wurde durch Änderung der Baupläne und durch Erweiterungen die um 1370 vollendete und nun vorwiegend gotische Hallenkirche. Die schönsten romanischen Teile des Gotteshauses sind die Westfassade (von den Turmhelmen stammt der nördliche aus dem Jahr 1569, der südliche aus dem Jahr 1663) und das Nordportal. Zu den wertvollsten Teilen der Innenausstattung gehören der mit Schnitzereien (Knorpelwerk) reich geschmückte Hochaltar (1643), der Renaissance-Taufstein von 1597 und einige Epitaphe.

Vom Nikolai-Kirchplatz oder vom Marktplatz aus geht man zur *Mittelstraße*, in die man nach rechts (Osten) einbiegt. An dieser Straße stehen viele alte Stein- und Fachwerkhäuser. Das Haus Nr. 36 ist das *Planetenhaus* [3] (1612); die Darstellung der Planeten entspricht noch der vorkopernikanischen Auffassung. Das Haus *Sauerländer* [4] (Nr. 27; 1569) ist ein Fachwerkhaus mit reich verziertem Schnitzwerkgiebel. Das Haus *Sonnenuhr* [5] von 1546 hat im Steingiebel eine Sonnenuhr. Das Haus Nr. 17 ist das Haus

Alt-Lemgo [6]. Es wurde 1587 erbaut und gilt als das Meisterwerk unter den Fachwerkbauten Lemgos. Das Schnitzgebälk ist bemalt. Vorherrschendes Schmuckelement sind Fächerrosetten (s.S. 15). Das Haus Alt-Lemgo ist heute ein Gasthof.

Die Mittelstraße vereinigt sich am *Ostertor* [7] mit *Echtern-* und *Papenstraße*, den beiden anderen Hauptstraßen der um 1200 gegründeten Stadt. Wer Freude an Kuriositäten hat, geht vom Ostertor durch die *Bismarckstraße* zu der im Ostteil der Stadt gelegenen *Hamelner Straße*. Das dortige Haus Nr. 37 ist das

Junkerhaus (außerhalb des oben abgebildeten Stadtplans gelegen). Karl Junker (1850–1912) aus Lemgo, Tischler, Student der Münchner Kunstakademie und Sonderling (angeblich aus verschmähter Liebe), hat dieses Haus ab 1891 geschaffen. Es ist außen, vor allem jedoch innen ein Konglomerat von Schnitzereien, von phantastischen und gespenstigen Gebilden, die Decken und Wände sowie Möbelstücke ganz und gar bedecken.

Den Rundgang durch die Altstadt setzt man vom Ostertor aus auf dem Wall fort. Man kommt am *Pulverturm* (1616), einem der wenigen Reste der Stadtbefestigung, vorbei zur *Orchideen- und Kakteenzüchterei Kuhlmann* [8].

Der *Lindenwall* führt am *Abteigarten* [9], dem heutigen Stadtpark, entlang. In dem hübschen Garten steht ein *Kranichdenkmal* (1788; wohl einziges Vogeldenkmal Deutschlands).

Der Lindenwall endet an der stadteinwärts führenden *Breite Straße* und gegenüber der an der Bega gelegenen alten *Langenbrücker Mühle*. Das Haus Breite Straße 19 ist das

Hexenbürgermeisterhaus [10]. Dieses 1571 fertiggestellte Haus ist das vornehmste Patrizierhaus Lemgos, der großartigste Steinbau des Lipperlandes und eines der schönsten Renaissancehäuser Deutschlands. Seinen Namen verdankt das Haus einem späteren Besitzer, dem Bürgermeister *Hermann Cothmann*, der in den Jahren 1665 bis 1681 rund 90 Menschen, darunter auch einen Pfarrer der Nikolaikirche, wegen Hexerei hinrichten ließ und so zu dem Beinamen »Hexenbürgermeister« kam.

Das Hexenbürgermeisterhaus ist heute *Heimatmuseum (geöffnet dienstags bis freitags und sonntags 10–17, samstags 10–13 Uhr)*, in dem unter anderem die Folterwerkzeuge, die bei den Hexenprozessen benutzt wurden, zu sehen sind. In dem Museum gibt es ferner ein *Engelbert-Kämpfer-Zimmer* mit Erinnerungsstücken an den auf Seite 10 erwähnten Forschungsreisenden.

Hinter dem Hexenbürgermeisterhaus liegt an der *Stiftstraße* die

Marienkirche [11], die Pfarrkirche der ab etwa 1260 entstandenen Neustadt. Die gotische Kirche wurde zwischen 1270 und 1320 erbaut (der Turm um 1360). Ein bedeutendes Werk westfälischer Bildhauerei ist die wohl um 1380 entstandene *Grabplatte* des Edelherrn *Otto zur Lippe* und seiner Gattin. Bekannter ist die an der Ostwand des nördlichen Seitenschiffes angebrachte *Heldenorgel*, die 1587 bis 1590 gebaut wurde und heute die Marienkirche zum Hauptveranstaltungsort der alljährlich stattfindenden *Internationalen Lemgoer Orgeltage* (Mai–Juni) macht. Im Innern verdienen außerdem Beachtung: das steinerne *Sakramentshäuschen* von etwa 1470, unter der westlichen Empore eine recht ungewöhnliche Behandlung des Themas »Ecclesia und Synagoge« (Altes und Neues Testament); die Ecclesia ist durch einen thronenden Christus, die Synagoge durch einen Juden mit einem Schwein dargestellt.

Durch die *Helle* (Straße) kommt man zum *Rampendal* (Straße), in die man nach links einbiegt. Dort befindet sich die *Engelbert-Kämpfer-Schule* [12] (Gymnasium), deren Hauptgebäude der barocke *Lippehof* (1734), das ehemalige Schloß der Grafen zur Lippe, ist.

Von dort führt die *Leggestraße* zur Mittelstraße, an der (links) die *Johanniskirche* [13] steht. Als die Seite 26 erwähnte Johanniskirche (Gaukirche) abgebrochen wurde, trat die ehemalige Franziskanerkirche, eben die heutige Johanniskirche, an ihre Stelle. Sie ist ein spätgotischer, aber 1799 im Stil des Klassizismus umgestalteter Bau.

Man kann von der Kirche aus über den Wall hinaus zum *Steinweg* gehen, wo der *Johannisturm* [14] (13. Jh.) der ehemaligen Gaukirche steht.

Durch die Mittelstraße geht man wieder altstadteinwärts und kommt an vielen alten Häusern (z.B. Nr. 128–130, 1566 erbaut) vorbei zur *Kramerstraße*. Das Haus Nr. 5 dieser Straße ist das Haus *Wippermann* [15], das 1576 erbaut wurde, aber noch einen gotischen Staffelgiebel besitzt, eines der Zeichen dafür, wie sehr vielfach gegen die Renaissance an der Gotik festgehalten wurde. Von der Kramerstraße sind es nur wenige Schritte zurück zum Marktplatz.

Brake. Rund 2 km südöstlich des Zentrums liegt das heute zu Lemgo gehörende Dorf *Brake*. Man kann dorthin fahren. Es gibt aber auch einen Spazierweg, der bei der Orchideenzüchterei (s. oben) beginnt und am Schwimmbad vorbei zur *Finkenpforte* (Straße) führt. Gegenüber dem Ende dieser Straße steht *Schloß Brake*. Es scheint, daß die Edelherren zur Lippe bereits um 1200 in Brake eine Wasserburg hatten, die ihnen vom 14. Jahrhundert an bis gegen Mitte des 15. Jahrhunderts als Residenz gedient hat. An der Stelle der zerstörten Wasserburg wurde Ende des 16. Jahrhunderts ein Renaissanceschloß errichtet (heute Büros).

PRAKTISCHE HINWEISE

Information: Städtisches Verkehrsamt, Am Markt.

🚂 Strecke Hameln – Bielefeld.

🚌 Bielefeld, Blomberg, Detmold, Hameln, Herford, Kalletal/Rinteln.

🏠🏠🏠 »Stadtpalais«, Papenstraße 24.

🏠🏠 »Lemgoer Hof«, Detmolder Weg 14.

🏠 »Stadtwappen«, Mittelstraße 54; »Hansa«, Breite Straße 14.

⛺ Am Freibad.

🏊 Hallen- und Freibad.

Detmold

Detmold (134 m; 65 000 Einw.), die als »wunderschön« besungene Stadt, liegt an der *Werre* und am Fuß des *Teutoburger Waldes*. Sie war lange fürstliche Residenzstadt und verdankt diesem Umstand ihre bedeutendsten Bauten. Im 19. Jahrhundert wurden in ihr geboren oder wirkten in ihr die Dichter *Grabbe* und *Freiligrath* (siehe Seite 10) und die Musiker *Albert Lortzing* und *Johannes Brahms*.

GESCHICHTE

Am Anfang der Geschichte Detmolds steht wahrscheinlich jenes *Theotmalli*, in dessen Nähe 783 eine Schlacht zwischen *Karl dem Großen* und *Wittekind* stattfand. Theotmalli gilt als Name eines Gerichtsplatzes (Dingstätte). Über das Dorf, das dort noch im 8. Jahrhundert entstanden sein soll, ist nichts Näheres bekannt. Unbekannt ist auch, wann die *Edelherren zur Lippe* aus dem Dorf eine Stadt gemacht haben. Man nimmt aber an, daß der 1265 gestorbene *Bernhard III.*, der Städtegründer seines Geschlechtes, auch die Stadt Detmold gegründet hat.

Die neue Stadt blieb klein und bedeutungslos, bis die 1528 zu Grafen erhobenen Edelherren zur Lippe die Stadt, in der sie seit langem eine Burg hatten, zu Beginn des 17. Jahrhunderts endgültig zu ihrer Residenzstadt machten. Bis 1918 blieb Detmold Residenz der Grafen und (1789) Fürsten zur Lippe.

Der Ausbau zur Residenzstadt fand in erster Linie im 18. Jahrhundert und in der Zeit von etwa 1820 bis 1860 statt. Der residenzstädtische Charakter ist weithin erhalten geblieben.

In neuester Zeit hat sich Detmold im Zuge der Gemeindereform bis tief in den Teutoburger Wald hinein ausgedehnt. Die im Teutoburger Wald gelegenen Luftkurorte *Berlebeck, Heiligenkirchen, Hiddesen* und *Pivitsheide* sowie der Erholungsort *Heidenoldendorf* gehören jetzt zu Detmold. Von den östlich von Detmold gelegenen Orten wurde der Luftkurort *Diestelbruch* eingemeindet.

SEHENWÜRDIGKEITEN

Den Rundgang durch den Stadtkern, der auch die Altstadt einschließt, beginnt man am besten am

Markt [1], auf dem der *Donopbrunnen* steht (der Hofmarschall Wilhelm Gottlieb Levin von Donop gab 1784 die erste historisch-geographische Beschreibung der Grafschaft Lippe heraus). Den Markt umgeben unter anderem das nach 1830 erbaute klassizistische *Rathaus* und die schlichte *Marktkirche*, die nach einem Stadtbrand um die Mitte des 16. Jahrhunderts als spätgotische Hallenkirche erbaut wurde.

Vom Markt führt die *Lange Straße* zum *Schloßplatz* (umgeben von den Gebäuden der ehemaligen Hofhaltung, die in den beiden letzten Jahrzehnten des 18. Jh. erbaut wurden) und zum *Hofgarten*. In ihm steht, auf eine Wasserburg zurückgehend und zum Teil noch von Wall und Graben umgeben, das

Schloß [2], die einstige Residenz der Fürsten zur Lippe. Von der 1447 zerstörten Wasserburg blieb der mächtige *Bergfried* erhalten, den der Baumeister Jörg Unkair (s.S. 9) in den von ihm geplanten Vierflügelbau einbezog. Mit dem Bau des Renaissanceschlosses begann Unkair gegen 1549, aber erst lange nach seinem Tod kamen die Arbeiten zum Abschluß (1621 bzw. 1670). Der Innenhof mit seinen Treppentürmen und Erkern darf als der reizvollste Teil des Gebäudes angesehen werden. Die Innenausstattung ist am besten in den sogenannten *Königszimmern* und im *Roten Salon* (Stukkaturen und Deckengemälde aus dem 1. Jahrzehnt des 18. Jh.) erhalten. Die wertvollsten Stücke sind die um 1670 in Brüssel hergestellten acht *Gobelins* (Wandteppiche), auf denen Siege Alexanders des Großen dargestellt

Detmold: Schloßhof

sind. Die Entwürfe schuf der Maler *Charles Le Brun* (1619–1690), der Direktor der königlichen Gobelinmanufaktur in Paris war. *Führungen durch das Schloß finden sonntags bis freitags von 9 bis 12 und 14 bis 17, samstags nur von 9 bis 12 Uhr statt.*

Man verläßt den Hofgarten zum *Theaterplatz* hin. Dort steht das

Landestheater [3], das 1914 bis 1918 erbaut wurde und an die Stelle des 1827 eröffneten und 1912 abgebrannten alten Hoftheaters getreten ist. Das Hoftheater hat wesentlich dazu beigetragen, daß Detmold zu einem Zentrum kulturellen Lebens wurde. In den Jahren 1826 bis 1833 hat *Albert Lortzing* dort als Schauspieler, Opernsänger, Cellist und Kapellmeister gewirkt. In den Jahren 1857 bis 1859 leitete *Johannes Brahms* dort die Hofkonzerte.

Vom Theaterplatz sind es nur wenige Schritte bis zu dem an der *Ameide* gelegenen

Lippischen Landesmuseum [4], das aus einem Museumsgebäude üblicher Art und zwei sogenannten *Heimathäusern* besteht. Bei diesen Heimathäusern handelt es sich um ein aus dem 16. Jahrhundert stammendes stattliches *Fachwerk-Kornhaus*, das früher in *Schieder* (s.S. 58) gestanden hat, und um eine 1555 erbaute *Zehntscheune* des Klosters *Falkenhagen* (östlich von Polle). Beide Gebäude wurden in Detmold sorgfältig wiederaufgebaut und 1953-1955 für Museumszwecke eingerichtet. Im Museumsgebäude sind in erster Linie natur- und völkerkundliche Sammlungen zu sehen. Im Kornhaus sind Sammlungen zur Vorgeschichte, Kunst und Kultur des Landes Lippe untergebracht, während die Zehntscheune hauptsächlich bäuerliche Geräte beherbergt. *Das Museum ist sonntags sowie dienstags bis freitags von 9 bis 12 und 14 bis 17 Uhr, samstags von 9 bis 12 Uhr geöffnet; montags ist es geschlossen.*

Von der Ameide zweigt nach rechts die

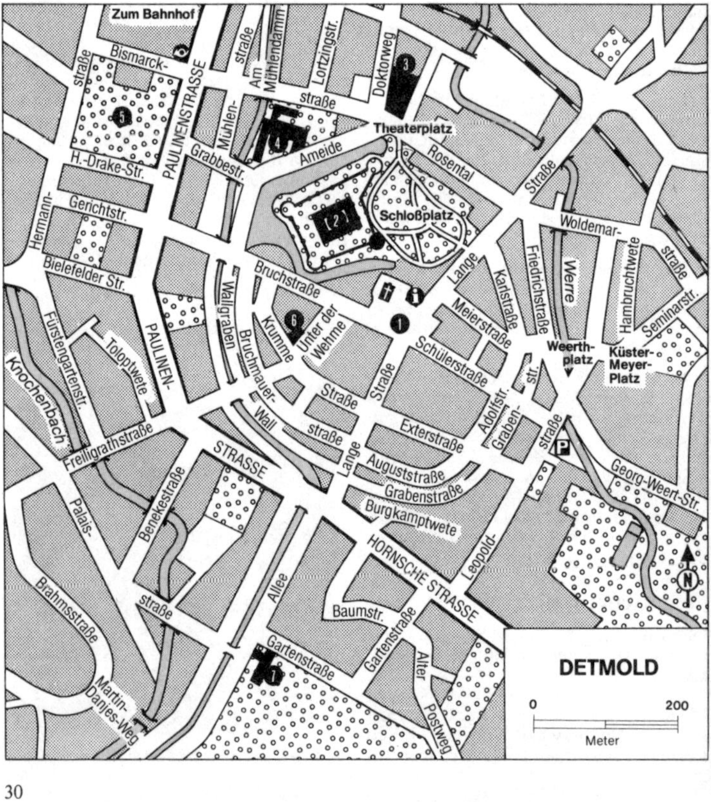

Grabbestraße ab, die zum *Kaiser-Wilhelm-Platz* [5] und seinen Kriegerdenkmälern von 1870/71 und 1914/18 führt. Die Ameide endet an der *Bruchstraße*, von der bis zum *Wall* das vielfach noch recht malerische *Alt-Detmold* reicht. Von der Bruchstraße biegt man gegenüber dem Geburtshaus von *Christian Dietrich Grabbe* nach rechts in die Straße *Unter der Wehme* ein. Die Häuser Nr. 5 und 7 [6] haben für den Freund der Literatur Bedeutung. Im Hause Nr. 5 wurde *Ferdinand Freiligrath* (s.S. 10) geboren, und im Hause Nr. 7 starb *Christian Dietrich Grabbe* (s.S. 10).

Es sind vor allem die *Krumme Straße*, *Exterstraße* (das Haus Nr. 15 ist ein ehemaliger Adelshof mit einem steinernen Unterbau von 1613) und *Bruchmauerstraße*, die neben *Unter der Wehme* ein gutes Bild von Alt-Detmold vermitteln (Fachwerk- und Giebelhäuser). Quer durch die Altstadt nach Süden führt die *Lange Straße*, die am Wall endet (das Haus Nr. 14 hat eine Renaissancefassade von 1587; das Haus Nr. 19, heute Hotel »Detmolder Hof«, stammt im Kern aus der Zeit um 1560). Am Wall beginnt die *Allee*, auf der man das

Neue Palais [7] erreicht. Das Palais wurde in den Jahren 1708 bis 1717 erbaut und vor allem um die Mitte des 19. Jahrhunderts verändert und erweitert. Es diente als Witwensitz der Fürstinnen zur Lippe. Heute ist es der Sitz der *Norddeutschen Musikakademie.* Hinter dem Palais liegt der *Palaisgarten*, dessen Baumbestand zum Teil weit über 100 Jahre alt ist. Die Wasserkünste des Gartens sind während der Sommermonate an allen Sonntagen in Betrieb. Vom Palaisgarten aus führt ein Waldweg zu dem am Fuß des 236 m hohen *Königsberges* gelegenen

Westfälischen Freilichtmuseum Bäuerlicher Kulturdenkmale (südlich außerhalb des auf S. 30 abgebildeten Stadtplans). Dieses auf einem etwa 80 ha großen Gelände eingerichtete Museum besteht aus Bauernhäusern und Wirtschaftsgebäuden, die aus den verschiedensten Teilen Westfalens hierher versetzt worden sind. Alle Gebäude sind entsprechend ihrem Zweck ausgestattet (Möbel, Handwerks- und Ackergeräte). *Das Museum ist vom 1. April bis 1. November dienstags bis sonntags von 10 bis 18 Uhr geöffnet (Einlaß bis 17 Uhr).*

Für den Rückweg ins Stadtzentrum benutzt man am besten den Weg, den man gekommen ist: Waldweg, Allee, Lange Straße, dieser ohne Abstecher bis zum Markt folgend.

Teutoburgerwald-Gemeinden. Der Besuch der Detmolder Teutoburgerwald-Gemeinden ist mit eigenem Wagen oder öffentlichen Verkehrsmitteln sowie als Wanderung möglich.

Man verläßt Detmold in südlicher Richtung und kommt, dem Tal der *Berlebecke* folgend, durch den 160 bis 250 m hoch gelegenen Luftkurort *Detmold-Heiligenkirchen* in den 250 bis 350 m hoch gelegenen Luftkurort *Detmold-Berlebeck.* In der Nähe des Ortszentrums befindet sich die *Adlerwarte* mit Adlerarten und anderen Großvögeln (*geöffnet von April bis Oktober von 8–19 Uhr, sonst kürzer*).

Das nächste Ziel ist das *Hermannsdenkmal*, das der Wanderer von Berlebeck aus auf direktem Weg erreichen kann; der Motorisierte muß, wenn er öffentliche Verkehrsmittel benutzt, den Umweg über Heiligenkirchen und Hiddensen in Kauf nehmen, hat sonst aber wie der Wanderer einen direkten Weg.

Das in 386 m Höhe stehende und rund 55 m hohe *Hermannsdenkmal*, Erinnerung an die Schlacht im Teutoburger Wald, wurde 1875 als Sinnbild deutscher Einheit eingeweiht.

Über *Hiddesen*, durch das Naturschutzgebiet am *Donoperteich* sowie über *Pivitsheide* und *Heidenoldendorf* fährt oder wandert man zurück.

PRAKTISCHE HINWEISE

Information: Städtisches Verkehrsamt, Rathaus (die eingemeindeten Fremdenverkehrsorte haben eigene Büros).

Altenbeken, Herford, Osnabrück.

Altenbeken, Bad Driburg, Bad Pyrmont, Bielefeld, Blomberg, Hameln, Herford, Horn-Bad Meinberg, Lemgo, Lügde, Steinheim; zahlreiche Verbindungen mit den eingemeindeten Orten im Teutoburger Wald.

»Detmolder Hof«, Lange Str. 19; »Gästehaus Am Wall«, Wall 8.

»Zum Hermann«, Grabbestraße 7; »Gästehaus am Brunnenhof«, Lortzingstraße 1. – Dieser Gruppe gehören vorwiegend auch die Hotels, Gasthöfe und Pensionen in den zu Detmold gehörenden Erholungsorten (s.S. 29) an.

Bungalow-Feriendorf Diestelbruch, s.S. 11.

Schirrmannstraße 49 (von Okt.–April am 2. Wochenende im Monat geschlossen, Ferienzeiten ausgenommen).

Zwei Plätze in Detmold-Pivitsheide.

Höxter

Höxter (90 m; 37000 Einw.), das am linken Weserufer liegt, wird in der Regel in einem Atemzug mit *Corvey* genannt, einem der berühmtesten Baudenkmäler des Weserberglandes und sogar Deutschlands. Diese Verbindung Höxter-Corvey bedeutet aber keineswegs, daß nicht auch Höxter selbst reich an schönen und alten Bauten ist. Das alte, enge, winklige und malerische Höxter ist ein reizendes Stück lebendigen Mittelalters und trotzdem eine der Gegenwart zugewandte Stadt.

GESCHICHTE

An der Stelle des heutigen Höxter bestand bereits ein Dorf *Huxori*, als das um 816 gegründete Kloster Corvey im Jahre 822 an die Stelle des heutigen Schlosses Corvey verlegt wurde. Rings um das Kloster, über dessen Geschichte auf Seite 34 Näheres gesagt wird, entstanden etliche dörfliche Ansiedlungen und eine Klosterstadt. Landesherren waren – auch für Höxter – die Äbte von Corvey. Höxter scheint sich von Anfang an nicht damit zufrieden gegeben haben, eine unter vielen klösterlichen Ansiedlungen zu sein. Das Dorf wurde aus eigener Kraft zur Marktsiedlung, schließlich – mit Unterstützung des Bischofs von Paderborn – Stadt (um 1260) und von den Äbten von Corvey, die weiterhin Landesherren waren, mehr oder weniger unabhängig. Es gelang sogar, die übrigen klösterlichen Ansiedlungen in die Stadtgemarkung einzubeziehen; selbst das Gebiet der 1265 vom Bischof von Paderborn zerstörten Klosterstadt Corvey wurde ein Teil der höxterschen Landwehr. Auf dieser Basis erlebte Höxter einen großen Aufschwung und im 16. und 17. Jahrhundert seine Blütezeit.

Der 30jährige Krieg brachte den wirtschaftlichen Niedergang, und 1674 mußte sogar die Herrschaft Corveys wieder anerkannt werden, da der münstersche Bischof Christoph Bernhard von Galen als Administrator von Corvey alle Freiheiten der Stadt widerrief.

Im 19. Jahrhundert wurde Höxter Verwaltungszentrum eines preußischen Kreises. Das 20. Jahrhundert brachte die Niederlassung etlicher Industrien und ein wachsendes touristisches Interesse an Höxter-Corvey. In den letzten Jahrzehnten hat sich das Gebiet geschlossener Bebauung erheblich ausgeweitet. Durch die neusten Gemeindereformen ist es außerdem zur Eingemeindung der benachbarten Orte *Albaxen, Bödexen, Bosseborn, Brenkhausen, Bruchhausen, Fürstenau, Godelheim, Lüchtringen, Lütmarsen, Ottbergen, Ovenhausen* und *Stahle* gekommen. Die meisten dieser eingemeindeten Orte sind Erholungsorte, Bruchhausen und Godelheim Orte mit Heilquellenkurbetrieb.

Dechanei

SEHENSWÜRDIGKEITEN

Die unmittelbar an der Weser gelegene Altstadt ist zum größten Teil noch von der mittelalterlichen *Stadtmauer* umgeben, an deren Außenseite (*Wall*) Grünanlagen geschaffen worden sind. Die Grenzen der Altstadt sind also leicht auszumachen (mit Veränderungen im alten Baubestand muß im Rahmen der Modernisierungen jederzeit gerechnet werden). Der beste Ausgangspunkt für den Altstadtrundgang ist das

Rathaus [1]. Dieses an der *Weserstraße* gelegene Gebäude wurde 1610 bis 1613 erbaut (Weserrenaissance). An der Eingangsseite (Weserstraße) dieses nur im oberen Teil aus Fachwerk bestehenden Baus befindet sich ein Treppenturm, in dessen Laterne ein aus 35 Bronzeglocken bestehendes Glockenspiel angebracht ist. Es erklingt um 8.55, 11.55, 14.55, 17.55 und 20.55 zu Ehren des Dichters *August Heinrich Hoffmann von Fallersleben* (1798–1874), des Dichters des *Deutschlandliedes*, der ab 1860 Bibliothekar auf Schloß Corvey war und hinter der dortigen Kirche beigesetzt ist. In der Eingangshalle des Rathauses ist ein Steinrelief (um 1265) zu sehen, auf dem das Wiegen von Waren dargestellt ist.

Kiliani-Kirche [2]. Diese hinter dem Rathaus stehende romanische Kirche wurde in der ersten Hälfte des 12. Jahrhunderts erbaut (Veränderungen im 13. Jh.; Neubau des südlichen Seitenschiffes Anfang des 15. Jh.) und ist nach dem Corveyer Westwerk das älteste Baudenkmal Höxters. Die beiden Türme des rein romanisch erhalten gebliebenen Westbaus gelten als Wahrzeichen der Stadt. Die vortrefflichsten Stücke der Innenausstattung sind die auf dem Hochaltar stehende Kreuzigungsgruppe (um 1520) und die Kanzel (1597).

Gegenüber der Kirche steht das *Küsterhaus*, ein Fachwerkbau (1565) der Frührenaissance, (Holenbergstraße 11). Die Holenbergstraße führt zur Marktstraße. Das Haus Marktstraße 8 ist ein Barockbau von 1710. Die gegenüber stehende *Stadtschenke Litto* (Marktstraße 13) wurde dagegen 1565 erbaut und ähnelt in den Zierformen dem Küsterhaus.

Die Marktstraße führt an der links gelegenen *Nikolaikirche* (1766; barocke Fassade; 1896 erweitert) vorbei zur **Dechanei** [3], einem prachtvollen Bau der Frührenaissance, der 1561 als Stadthaus der Familie von Amelunxen errichtet wurde (massives Untergeschoß, sonst Fachwerk). Das wie ein Doppelhaus wirkende zweigieblige Gebäude (s. Abbildung S. 32) hat eine Utlucht (s.S. 15) und einen zweistöckigen, sechseckigen Erker. Den Hauptschmuck bilden Fächerrosetten (s.S. 15) und – unter den Fächerrosetten – Schnürrollen. Die Dechanei ist das älteste Haus, das diese Art von Schmuck aufweist. Unter den Fachwerkbauten Deutschlands nimmt die Dechanei einen der ersten Plätze ein.

An der an die Marktstraße sich anschließenden *Nikolaistraße* steht das Haus *Hütte* [4] (Nikolaistraße 10), das 1565 erbaut wurde und damit ebenfalls zu den Frührenaissancehäusern der Stadt zählt.

Vom Haus Hütte aus sind es nur wenige Schritte bis zur *Stadtmauer* und zum *Berliner Platz*. Dort beginnt die *Brenkhäuser*

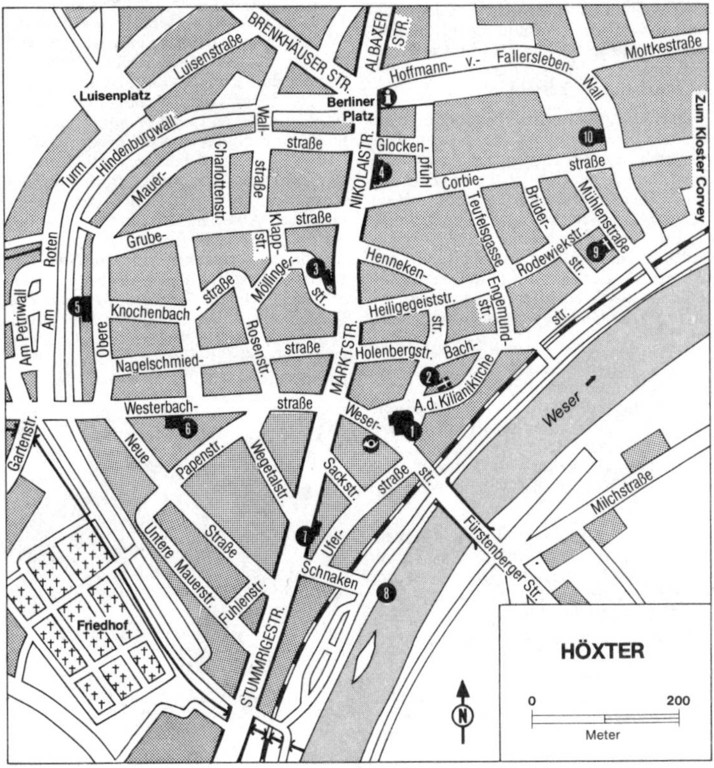

Straße, der erste Abschnitt des Weges zur außerhalb der Stadt gelegenen modernen *Weserberglandklinik*.

Gegenüber dem Haus Hütte zweigt von der Nikolaistraße nach links die *Obere Mauerstraße* ab, die an der Stadtmauer entlang über die *Grubestraße* und vorbei am *Roten Turm* [5] (Teil der Stadtmauer) zur *Westerbachstraße* führt. Am Treffpunkt dieser beiden Straßen liegt das *Petritor*, und in den Wallanlagen vor dem Petritor steht das *Ehrenmal* für die Gefallenen des 1. Weltkriegs.

An der Westerbachstraße ist der alte Baubestand besonders gut erhalten geblieben. Zu den beachtenswertesten Häusern gehören: das sogenannte *Tilly-Haus* [6], 1598 als Adelshof erbaut (Westerbachstraße 33), in dem der Feldherr Tilly 1631 gewohnt haben soll; das heutige »Hotel Corveyer Hof« (Westerbachstraße 29), 1597 erbaut und wie das Tilly-Haus ein Renaissancebau; gegenüber das *Haus Hottensen* (Westerbachstraße 34), ein 1537 errichteter spätgotischer Fachwerkbau; sodann ab der Einmündung der Westerbachstraße in die Marktstraße die Häusergruppe 10 bis 2, die aus Bauten des 16. Jahrhunderts besteht.

Statt nun zum Rathaus hinüberzugehen und so den Rundgang zu beschließen, biegt man nach rechts in die *Stummrigestraße* ein, an der (Nr. 19) das *Haus Horstkotte* [7] steht. Dieses 1554 erbaute Haus weist figürlichen Schmuck (Landsknechte) auf. Am 1571 erbauten Haus Nr. 27 ist der Sündenfall dargestellt. Zwischen diesen beiden Häusern führt der *Schnaken* (Straße) ans Weserufer und zur *Anlegestelle* [8] der Oberweser-Dampfschiffahrt.

Man geht weserabwärts bis zur Höhe der *Marienkirche* [9] und wendet sich dort (Unterführung unter der Eisenbahnlinie) wieder stadteinwärts. Die Marienkirche (frühere Minoritenkirche) ist ein frühgotischer Bau, der 1320 geweiht wurde. Die Kirche besitzt Reste des Lettners, der Chor und Hauptschiff voneinander getrennt hat.

Von der Kirche aus geht man zum Wall, über den man die *Corbie-Straße* (früher Bahnhofstraße) erreicht. Der Name der Straße erinnert an das französische Kloster Corbie (östlich von Amiens), aus dem die ersten Mönche des Klosters Corvey gekommen sind (Corvey = Corbie). An der Ecke Corbie-Straße und Wall steht ein *Denkmal* [10] für den schon erwähnten Dichter *Hoffmann von Fallersleben*. Dort beginnt auch die *Corveyer Allee*, der Weg (1 km) zum **Kloster Corvey**. Schon bald nach seiner Gründung wurde das Kloster zum religiösen und kulturellen Zentrum Sachsens (heute Westfalen und Niedersachsen). *Ansgar* (um 801–865), der Apostel des Nordens und erster Bischof von Hamburg, war ein Corveyer Mönch. Der sächsische Geschichtsschreiber *Widukind von Corvey* (um 925 bis nach 973), der die *Res gestae Saxonicae*, eine besonders die Zeit Heinrichs I. und Ottos I. umfassende Geschichte der Sachsen, schrieb, war Corveyer Mönch.

Die Blütezeit des zur Reichsabtei erhobenen Klosters dauerte bis in das 12. Jahrhundert hinein. Dann folgte ein wirtschaftlicher und kultureller Verfall, dem nur gelegentlich für kurze Zeit Einhalt geboten werden konnte. Immerhin gelang es den Äbten, das kleine Territorium links der Weser, zu dem 16 Dörfer und als Hauptstadt Höxter gehörten, als Reichsfürsten bis zur Aufhebung des Klosters (1802) intakt zu halten.

1815 fiel das Fürstentum Corvey an Preußen, das dieses Gebiet seiner Provinz Westfalen eingliederte. Das Kloster und den zugehörigen landwirtschaftlichen Besitz überließ Preußen im Austausch gegen andere Güter dem Landgrafen *Viktor Amadeus von Hessen-Rotenburg*, der seine große Bibliothek nach Corvey schaffen ließ (die alte und höchst wertvolle Klosterbibliothek war teils im 30jährigen Krieg vernichtet, teils nach der Aufhebung der Abtei in alle Winde zerstreut worden). 1834 fiel Corvey auf dem Erbweg an den Prinzen *Viktor von Hohenlohe-Schillingsfürst*, der 1840 unter anderem den erblichen Titel eines *Fürsten von Corvey* erhielt. Viktor war ein Bruder des deutschen Reichskanzlers Chlodwig von Hohenlohe-Schillingsfürst (1819–1901, Kanzler 1894–1900); er berief 1860 den

Corvey

Dichter Hoffmann von Fallersleben als Bibliothekar nach Corvey.

Den einstigen Kloster- und heutigen Schloßkomplex betritt man von Westen her durch ein in der Flucht der Wirtschaftsgebäude gelegenes Tor. Früher befand sich der Zugang an der Stelle des rechts von diesem Tor stehenden Turms, so daß man direkt auf das Westwerk der Kirche zugehen konnte.

An der Ostseite des Wirtschaftshofes stehen die ehemalige Klosterkirche und nach Norden sich anschließend die ehemaligen Abteigebäude, heutigen Schloßgebäude, die um zwei Innenhöfe herum angeordnet sind. Der an der Kirche gelegene Hof ist der Kreuzgang.

Die Abtei- bzw. Schloßgebäude sind barocke Bauten aus der Zeit von 1696 bis 1714. Man betritt das Schloß durch die ehemalige *Klosterkirche* und geht zunächst durch den *Kreuzgang*, in dem ein romanisches Kruzifix (um 1220) hängt (es handelt sich um ein Eichenholz-Kreuz mit Evangelistensymbolen). An den Ostflügel des Kreuzgangs schließt sich ein Raum an, in dem unter anderem Modelle der alten Klosterkirche zu sehen sind.

Vom Ostflügel des Kreuzgangs führt eine Treppe ins Obergeschoß hinauf. Dort kommt man durch den *Bildergang* (Galerie mit 65 Porträts ehemaliger Äbte), durch den *Geweihgang* (Möbel, Geweihe und Bilder des Hauses Hessen-Rotenburg; rechts vom Gang vier Räume, in denen von Mai bis September Sonderausstellungen stattfinden), durch den *Orgelgang* (Werke religiöser Kunst), durch etliche *Museumsräume*, zu denen der zweigeschossige *Kaisersaal* (er hat seinen Namen nach den 18 Medaillons mit Bildnissen deutscher Kaiser; im übrigen sind sein Hauptschmuck die von italienischen Handwerkern geschaffenen reichen Stukkaturen) gehört, sodann durch die beiden sogenannten *Dichterzimmer* (Erinnerungen an Josefa Behrens-Totenohl, Annette von Droste-Hülshoff, die Brüder Grimm, Peter Hille, Hoffmann von Fallersleben, Hermann Löns, Wilhelm Raabe, Levin Schücking, Friedrich Wilhelm Weber und andere Dichter und Schriftsteller) und schließlich in die *Bibliothek*, die über 60000 vorwiegend aus neuerer Zeit stammende Bände zählt. An die Bibliothek schließt sich der zweigeschossige *Sommersaal* an, der zur Wohnung des Fürstabtes gehört hat.

Die erste *Klosterkirche* (sie war eine dreischiffige Basilika) wurde 848 geweiht. Ihr wurde in den Jahren 873 bis 885 das sogenannte *Westwerk* vorgebaut. Nach den Zerstörungen, von denen Kirche und Kloster im 30jährigen Krieg betroffen wurden, baute man ab 1667 die heutige Kirche. Von der alten Kirche blieb nur das Westwerk erhalten, das damit das älteste frühmittelalterliche Baudenkmal Westfalens ist (im 12. Jh. sind an dem Westwerk Veränderungen vorgenommen worden).

Im Westwerk befindet sich über der niedriggewölbten Mittelhalle, die als *Krypta* bezeichnet wird, der zweigeschossige *Johannischor* mit der *Kaiserloge* (dieser Chor war die Gastkirche der Kaiser). Der Blick aus dem Johannischor in die Kirche ist jetzt durch die Orgelempore verbaut. Nach dem 2. Weltkrieg sind bei Restaurierungsarbeiten an den Wänden des Johannischors Reste von Wandmalereien aus dem 9. Jahrhundert entdeckt worden (u. a. eine Odysseus-Darstellung).

Die Kirche ist im Stil des Barocks reich ausgestattet worden. Zu den bedeutendsten Ausstattungsstücken gehören die drei Altäre, die der Holzbildner Johann Sasse geschaffen hat, das ebenfalls von Sasse geschaffene Chorgestühl und der Orgelprospekt von 1690. Hinter der Kirche befindet sich das Grab des Dichters Hoffmann von Fallersleben.

Schloß und Kirche können vom 1. April bis 31. Oktober täglich von 9 bis 18 Uhr besichtigt werden. Ein Schloßrestaurant ist vorhanden. Da Corvey Anlegestelle der Oberweser-Dampfschiffahrt ist, kann die Besichtigung auch mit einer Fahrt auf der Weser verbunden werden.

PRAKTISCHE HINWEISE

Information: Fremdenverkehrsamt, Am Rathaus 7.

Strecke Altenbeken–Kreiensen.

Bad Driburg, Bad Pyrmont, Detmold, Fürstenberg, Hameln, Holzminden, Kassel, Neuhaus (Solling), Nieheim, Warburg u.a.

Hameln, Hannoversch Münden.

»Weserberghof«, Godelheimer Str. 16; »Niedersachsen«, Möllingerstr. 4.

»Corveyer Hof«, Westerbachstr. 29; »Braunschweiger Hof«, Corbiestr. 5.

Am Ziegenberg (von Okt.–April am 3. Wochenende im Monat geschlossen, Ferienzeiten ausgenommen).

Städt. Campingplatz.

Hallen- und Freibad.

Hannoversch Münden

Hannoversch Münden (130 m; 27000 Einw.) wird offiziell Hann. Münden geschrieben (das Niedersächsische Landesverwaltungsamt, Statistik, schreibt einfach *Münden)*. In diesem Reiseführer wird ausschließlich die Schreibweise Hannoversch Münden angewandt.

GESCHICHTE

Die Stadt geht, wie neueste Ausgrabungen unter der Kirche St. Blasii beweisen, auf eine spätkarolingische Ansiedlung zurück. 1246 kam sie in den Besitz der Herzöge von Braunschweig-Lüneburg, die ihr 1247 Stapelrecht und Zollfreiheit verliehen und so die wirtschaftliche Grundlage für die Stadt schufen. Das Stapelrecht behielt die Stadt bis 1823.

Im 16. Jahrhundert war die Stadt Residenz der *Herzöge von Calenberg*, deren Herzogtum 1584 mit Braunschweig-Wolfenbüttel vereinigt wurde.

Ab Mitte des 18. Jahrhunderts wurden Industrieunternehmen gegründet, darunter 1753 die *Fayencenmanufaktur* von *Hanstein* und 1877 die erste *Zellulosefabrik* der Erde, deren Gründer Professor Alexander Mitscherlich (1836–1918) war. Mitscherlich gehörte zu den Lehrern der 1868 gegründeten *Forstakademie* (ab 1922 Forsthochschule; 1971 als Forstfakultät an die Universität nach Göttingen verlegt), deren forstwissenschaftliche Forschungen die Stadt weltbekannt machten.

Im Zuge der Gemeindereform sind 1973 fast alle im Südwestzipfel Niedersachsens gelegenen Orte mit Hannoversch Münden vereinigt worden, darunter die Erholungsorte Hemeln, Hedemünden, Laubach, Lippoldshausen, Mielenhausen und Wiershausen sowie der wegen seiner Klosterkirche besuchenswerte Weiler Bursfelde (s.S. 51).

SEHENSWÜRDIGKEITEN

Die Altstadt liegt in der Spitze des Winkels, der von den sich vereinigenden Flüssen *Fulda* und *Werra* gebildet wird. In beiden Flußläufen befinden sich Inseln, in der Fulda besonders der *Obere* und der *Untere Tanzwerder*, in der Werra der *Blümer Werder* und der *Doktorwerder* (Werder = Flußinsel). Die stadtnahen Arme von Fulda und Werra vereinigen sich zwischen Unterem Tanzwerder und Doktorwerder zur *Kleinen Weser*, die nördlich der beiden Werder mit den Außenarmen von Fulda und Werra zusammenfließt und so die *Weser* bildet.

Die Altstadt, in der in den letzten Jahrzehnten das Fachwerk vieler alter Häuser wieder freigelegt wurde, wird im Westen von der *Fulda*, im Norden von der *Werra*, im Süden von der *Fuldabrückenstraße*, im Südosten und Osten von der *Wallstraße* und vom *Wall* begrenzt. Diese Grenzen sind auch durch elf noch erhaltene Türme der alten Stadtbefestigung markiert. Der beste Ausgangspunkt für den Rundgang ist der *Markt*. An ihm steht das

Rathaus [1], ein gotischer Bau (14. Jh.), der in den Jahren 1603 bis 1618 im Stil der Renaissance erweitert und umgestaltet wurde. Besonders die Nordfassade, die im wesentlichen ein Werk des aus Lemgo stammenden Jürgen Crossmann ist, weist Elemente der Weserrenaissance auf. An den Steinmetzarbeiten hatte der aus Hannoversch Münden stammende Friedrich Weitmann wesentlichen Anteil.

Vor dem Rathaus (bei Regenwetter in der Rathaushalle) wird an den meisten Sommersonntagen (im Juli und August an allen Sonntagen, im Juni meist am 1. und 3., im September am 1. Sonntag) kurz nach 11 Uhr das *Spiel vom Doktor Eisenbart* aufgeführt. Der in Oberviechtach (Oberpfälzer Wald) 1663 geborene Doktor *Johann Andreas Eisenbart*, ein, wie neueste Forschungen ergeben haben, bedeutender Chirurg, der in dem Lied »Ich bin der Doktor Eisenbart« zu Unrecht verspottet wird, wirkte zuletzt in Hannoversch Münden, wo er 1727 starb. An seinem Sterbehaus (Lange Straße 34) ist die nebenstehend abgebildete Holzstatue zu sehen, unter der geschrieben steht: »In diesem Hause wirkte und starb Doktor Eisenbart. Er war anders als sein Ruf«.

Dr. Eisenbart

Dem Rathaus benachbart ist die Kirche

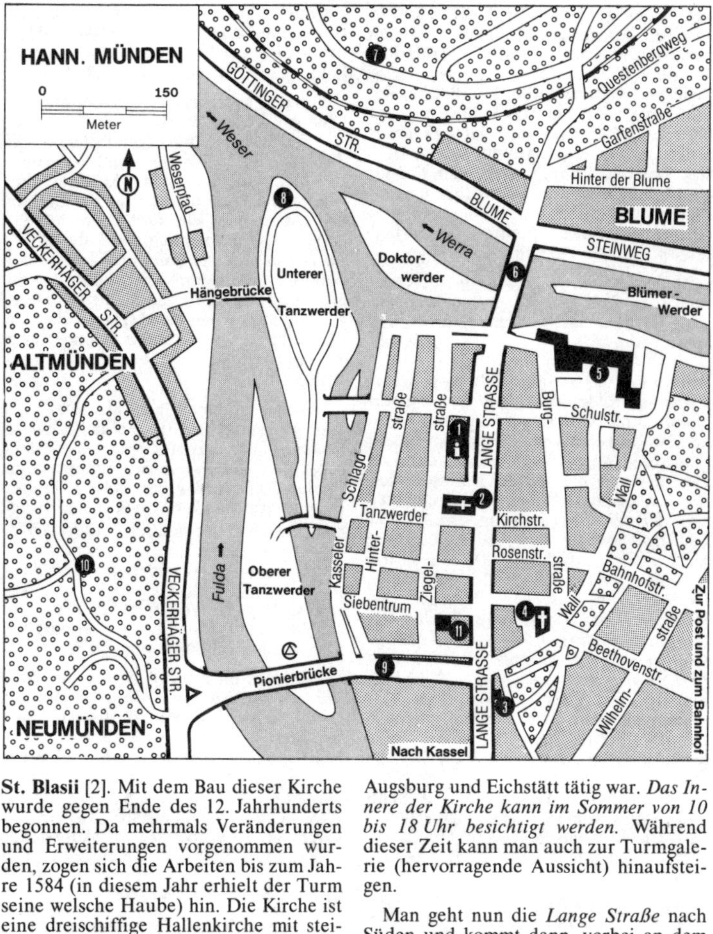

St. Blasii [2]. Mit dem Bau dieser Kirche wurde gegen Ende des 12. Jahrhunderts begonnen. Da mehrmals Veränderungen und Erweiterungen vorgenommen wurden, zogen sich die Arbeiten bis zum Jahre 1584 (in diesem Jahr erhielt der Turm seine welsche Haube) hin. Die Kirche ist eine dreischiffige Hallenkirche mit steilem Satteldach. Im Chor der Kirche steht ein mächtiger *Barockaltar,* den Johann Andreas Gräber aus Heiligenstadt geschnitzt hat. Die hinter dem Altar gelegene *Sakramentsnische* hat eine mit vier Passionsszenen geschmückte Bronzetür (um 1400). Der *Taufkessel* (1392) ist eine Arbeit des Nikolaus von Stettin. Ausgezeichnete Bildhauerarbeiten sind sodann die *Tumba* (1494) des Herzogs *Wilhelm II.* (bereits zu seinen Lebzeiten angefertigt) und vor allem die *Grabplatte* (von Cord Mente gegossen) und das *Epitaph* seines Sohnes, des 1540 gestorbenen Herzogs *Erich I.* Dieses Epitaph schuf der Renaissancekünstler Loy Hering (um 1485 bis nach 1554), der hauptsächlich in Augsburg und Eichstätt tätig war. *Das Innere der Kirche kann im Sommer von 10 bis 18 Uhr besichtigt werden.* Während dieser Zeit kann man auch zur Turmgalerie (hervorragende Aussicht) hinaufsteigen.

Man geht nun die *Lange Straße* nach Süden und kommt dann, vorbei an dem bereits erwähnten Sterbehaus von Doktor Eisenbart (Nr. 34), zur *Wallstraße* und zur *Rotunde* [3], einem der alten Festungstürme (erbaut 1502; heute Ehrenmal). An der Ecke Wallstraße und *Aegidienstraße* steht die

St.-Aegidii-Kirche [4], die im 30jährigen Krieg beschädigt und 1684 wiederaufgebaut wurde (barocke Turmhaube von 1729). Es wird vermutet, daß nahe dieser Kirche in fränkischer Zeit ein Königshof gelegen hat und daß der Kirche eine Art Pfalzkapelle vorausgegangen ist. Vor dem Altar von St. Aegidii ist der Doktor Eisenbart beigesetzt. Der Grabstein befindet sich an der Nordseite der Kirche. Die Inschrift besagt, daß Eisenbart Königlich Großbritannischer und Kurfürstlich Braunschweigisch-Lüneburgischer Privilegierter Landarzt, ferner Preußischer Rat und Hofoculist von Magdeburg gewesen ist. Das Geburtsjahr 1661 hat sich inzwischen als falsch erwiesen (1663 ist richtig). Den in der Kirche stehenden Flügelaltar schmücken Malereien (Szenen aus dem Leben Christi) des *Meisters des Mindener Passionsaltar*, die um 1530 geschaffen worden sein dürften.

Man folgt dem Wall, an dem drei weitere Türme der ehemaligen Stadtbefestigung stehen, in Richtung Werra und kommt zum

Schloß [5], das an der Stelle einer wahrscheinlich Ende des 11. Jahrhunderts erbauten Burg steht. Der heutige Bau ist eine Zweiflügelanlage, deren Nordflügel (längs der Werra) nach einem Brand ab 1562 neu errichtet wurde. Um diese Zeit wurde auch der Ostflügel erbaut, der 1788 eine teilweise Erneuerung erfuhr. Der Südflügel brannte 1849 nieder und wurde nicht wieder aufgebaut. 1861 wurde das einstige Residenzschloß der welfischen Herzöge von Calenberg Behördensitz. Heute befindet sich in ihm außerdem das *Heimatmuseum (geöffnet von Mai bis Oktober dienstags bis freitags von 10–12 und 16–18 Uhr, samstags von 10–12 Uhr, sonntags von 10–12.30 Uhr).* Das Museum, in das man durch den Treppenturm gelangt, besitzt unter anderem eine Sammlung von Fayencen aus der Seite 36 erwähnten Manufaktur von Hanstein, Sammlungen zur Geschichte der Stadt und ihrer Umgebung, ein Doktor-Eisenbart-Zimmer und eine Sammlung von Werken des Bildhauers Gustav Eberlein (1847–1926).

Durch die Straße *Vor der Burg* und die *Sydekumstraße* (das dortige Haus Nr. 8, *Ochsenkopf* genannt, ist ein spätgotisches Fachwerkhaus, das um 1528/29 erbaut worden sein dürfte) kommt man zur

Werrabrücke [6]. Von der 1329 zum ersten Mal erwähnten Brücke sind in der heutigen Brücke noch fünf Bögen erhalten.

Über die Werrabrücke geht man, wenn man einen Spaziergang (*Questenbergweg, Eichenweg*) zur

Weserliedanlage [7] machen will. Dieser hübsche Platz ist hoch über dem Zusammenfluß von Werra und Fulda gelegen und bietet einen großartigen Blick auf die Stadt und ihre Umgebung. Zwei Gedenktafeln erinnern an *Franz von Dingelstedt* und *Gustav Pressel*, den Dichter und den Komponisten des *Weserliedes* »Hier hab ich so manches liebe Mal mit meiner Laute gesessen« (siehe auch S. 62).

Von der Werrabrücke aus geht man am Ufer von Werra und Fulda entlang über die *Wanfrieder Schlagd* und die *Bremer Schlagd* (die Schlagden sind befestigte Uferplätze, die früher dem Aus- und Umladen der Schiffe dienten; an der Bremer Schlagd ist noch ein altes Lagerhaus erhalten). Die Bremer Schlagd endet an der *Mühlenstraße* und *Mühlenbrücke*. Über diese kann man zum Unteren Tanzwerder hinübergehen, um einen kleinen Spaziergang bis zum *Weserstein* [8] zu machen. In der Nähe des Wesersteins befindet sich die Anlegestelle der Oberweser-Dampfschiffahrt.

Von der Mühlenbrücke aus setzt man den Weg am Ufer der Fulda (*Kasseler Schlagd*) fort bis zum *Hagelturm* [9], dem gegenüber die *Pionierbrücke* über den Oberen Tanzwerder ans linke Ufer der Fulda führt. Man kann ab dort einen Spaziergang (*Wilhelmshäuser Straße, Tillyschanzenweg* oder direkter Wanderweg) zur *Tillyschanze* [10] machen, einem Aussichtspunkt, der das Gegenstück zur Weserliedanlage ist. Von dem Aussichtsturm aus hat man einen guten Gesamtblick über die drei Flußtäler und die Stadt.

Am Hagelturm biegt man in die *Radbrunnenstraße* und von dieser nach links in die *Ziegelstraße* ein, an der das Haus Nr. 37 [11] das Geburtshaus von *Georg Friedrich Grotefend* (1775–1853; ihm gelang die teilweise Entzifferung der altpersischen Keilschrift) ist. Am *Kirchplatz* der Blasii-Kirche (spätgotisches *Küsterhaus*, Kirchplatz 8) vorbei kommt man wieder zum Markt.

PRAKTISCHE HINWEISE

Information: Verkehrsverein, Rathaus.

Strecke Kassel–Göttingen.

Dransfeld, Oberweser/Karlshafen, Reinhardshagen u.a.

Hameln.

»Hainbuchenbrunnen«, Am Hainbuchenbrunnen.

»Berghotel Eberburg«, Tillyschanzenweg 8.

Prof.-Oelkers-Straße 8 (ganzj.).

Auf dem Oberen Tanzwerder; verbunden mit Kanu-Verleih.

Kutschfahrten: Nähere Auskunft beim Verkehrsverein, Rathaus.

Route 1 : Hameln – Bückeburg – Bad Nenndorf – Springe

Die Route umschließt vom Weserbergland das *Wesergebirge*, die *Bückeberge*, den *Deister*, den *Osterwald* und den *Süntel*, also die östlich der Weser gelegenen nördlichen Berg- und Hügellandschaften des Weserberglandes.

Man verläßt Hameln auf der *Wesertalstraße* (B 83) und kommt zunächst nach

Hessisch Oldendorf (19000 Einw.), 12 km, einer im Zuge der Gemeindereform aus dem alten Städtchen Hessisch Oldendorf und 23 Dörfern gebildeten Stadt, die sich beiderseits der Weser zwischen dem Wesergebirge und Süntel im Norden und Nordosten und dem Lipper Bergland (niedersächsische Grenze) im Südwesten erstreckt (gut 120 km² groß). An sie grenzen außer Hameln Bad Münder im Osten, Auetal im Norden, Rinteln und Extertal im Westen, Aerzen im Süden. Von den vielen Ortsteilen sind Erholungsorte: Bensen, Fischbeck, Friedrichsburg, Friedrichshagen, Fuhlen, Hemeringen, Heßlingen, Langenfeld, Pötzen, Rohden, Rumbeck und Zersen.

Die von Hameln in das Stadtzentrum Hessisch Oldendorf führende Wesertalstraße, die von Hameln bis Minden wieder mit der Deutschen Märchenstraße identisch ist, durchquert den Ortsteil *Fischbeck*. Dort entstand 955 ein Kloster, das nach der Einführung der Reformation (1559) in ein adliges evangelisches Damenstift umgewandelt wurde. Die gesamte Anlage ist erhalten. Hohen kunstgeschichtlichen Wert hat die romanische Stiftskirche (12./13. Jh.; 1902–1904 restauriert). Von den älteren Stücken der Innenausstattung sind vor allem das Triumphkreuz (1254), das Holzbild der Klosterstifterin Helmberg (um 1300), die Holzfigur Christus im Elend (spätes 15. Jh.) und der Bildteppich (1583) mit der Darstellung der Gründungslegende beachtenswert (Führungen im Sommer werktags 9–11.30 und 14–17.30, sonntags nur 14–17.30 Uhr).

Im alten Städtchen *Hessisch Oldendorf* selbst (der Zusatz »Hessisch« erinnert daran, daß die Grafschaft Schaumburg, zu der es gehörte, lange Zeit hessisch war) sind das Bronzetaufbecken (1590) in der evangelischen Stadtkirche und vor allem der Münchhausenhof (Ende des 16. Jh.) sehenswert. Nordöstlich des Städtchens liegt das Naturschutz- und Wandergebiet *Hohenstein* mit dem Hohenstein (341 m) und dem Amelungsberg (321 m).

Information: Verkehrsamt, Marktplatz.

🚉 Strecke Löhne-Braunschweig.

🚌 Hameln, Rinteln u.a.

🏠 Hotels und Gasthöfe in den meisten Ortsteilen.

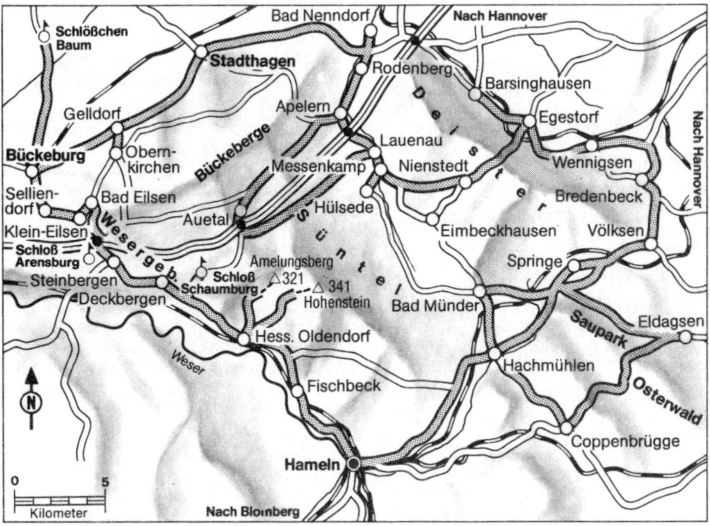

6,5 km nordwestlich von Hessisch-Oldendorf zweigt von der Wesertalstraße nach rechts der in den Rintelner Ortsteil *Schaumburg* führende Weg ab. Dort erhebt sich auf dem Nesselberg die Stammburg der Grafen von Schaumburg, eine spätmittelalterliche Anlage mit einem Palas, dem sogenannten Schloß, aus dem späten 16. Jahrhundert (in der Burg die »Burggaststätte Schloß Schaumburg«, donnerstags geschlossen).

Man kann von Schaumburg aus direkt zum Rintelner Ortsteil *Deckbergen* weiterfahren. Dort befindet sich das Blumenparadies »Essmannshof« (auch Verkauf von Blumenzwiebeln; Café-Restaurant). Beim Ortsteil *Rinteln-Steinbergen* unterquert die Wesertalstraße die BAB 2. Dort steht die im 16. Jahrhundert zum Schloß ausgebaute *Arensburg* (heute Autobahnraststätte mit Hotel). Rund 2 km nordwestlich der Autobahn zweigt von der Wesertalstraße die nach Bad Eilsen führende Straße ab.

Bad Eilsen (6000 Einw.; 80 m hoch), 27 km, liegt zwischen dem *Harrl* (bis zu 210 m hoch) im Westen und den zu den Bückebergen gehörenden *Heeßer Bergen* im Osten. Es ist Schlamm- und Schwefelbad (seine Schwefelquellen gehören zu den stärksten in Mitteleuropa). Einen großen Teil des Ortszentrums nehmen der schöne alte *Kurpark* und die gepflegten Kuranlagen ein. Am Fuße des Harrl liegen der *Park der Stille* und der *Park zur schönen Aussicht*, am Hang der Heeßer Berge der *Bergkurpark*. In dem *Heimatmuseum* von Bad Eilsen sind unter anderem die prachtvollen *Schaumburger Trachten* zu sehen (sie werden übrigens bei festlichen Gelegenheiten noch heute auf dem Lande getragen, so daß man ihretwegen nicht unbedingt ein Museum aufsuchen muß).

Information: Kurdirektion.

Nächste Bahnstation Bückeburg.

Bückeburg, Rinteln, Stadthagen.

»Der Waldhof«, Harrl-Allee.

Frei- und Hallenbad.

Auf der *Bückeburger Straße* fährt man zur Wesertalstraße zurück, die man bei *Klein-Eilsen* erreicht. Auf ihr kommt man dann nach

Bückeburg (21500 Einw.), 34 km. Das nordwestlich des Harrl gelegene Städtchen, daß sich vom 14. Jahrhundert an neben einer Wasserburg der Grafen von Schaumburg entwickelte, war bis zum Ende des 16. Jahrhunderts nur ein Dorf. 1609 verlieh Graf Ernst von Schaumburg

Schaumburger Trachten

(er wurde 1619 in den Fürstenstand erhoben) dem Ort Stadtrechte; er begann auch mit dem Ausbau des Ortes zur Residenzstadt. Bis 1918 blieb Bückeburg Residenzstadt der Grafen bzw. Fürsten von Schaumburg-Lippe.

Die *Altstadt*, ein Rund, dessen Grenzen vor allem im *Oberwallweg*, *Unterwallweg* und in der *Wallstraße* gut zu erkennen sind, liegt nordöstlich des *Schlosses*, zu dem man von dem an der *Lange Straße* gelegenen *Schloßtor* aus gelangt. Beiderseits des Schloßtors, das ein barocker Triumphbogen ist, und am Weg vom Schloßtor zum Schloß stehen ehemalige fürstliche Verwaltungsgebäude. Die Brücke, die über den Schloßgraben führt, ist mit den Kopien zweier Bronzegruppen geschmückt, die der holländische Bildhauer Adriaen de Vries 1620 bis 1621 für Ernst von Schaumburg geschaffen hat (Originale in den Staatl. Museen Berlin, Museumsinsel).

Hinter dem von Kavaliersbauten umgebenen und mit dem *Tugendbrunnen* (1552) geschmückten *Vorplatz* erhebt sich das ehemalige Residenzschloß, das im wesentlichen aus dem 16. und 17. Jahrhundert stammt. Ernst von Schaumburg (1601–1622) ließ das Schloß reich ausstatten. Erhalten ist diese Ausstattung nur in der *Schloßkapelle* (Holzschnitzereien mehrerer Meister) und im *Goldenen Saal* (verschwenderisch geschmückte Prachtoder Götterpforte). Die Kunst- und Antiquitätensammlung des Schlosses umfaßt u.a. Gemälde niederländischer, deutscher und italienischer Meister.

Im *Schloßpark* steht das 1913 bis 1915 errichtete *Mausoleum*, ein monumentaler Kuppelbau, der sich an das römische Pantheon anlehnt. *Das Schloß (einschließlich Gemäldegalerie und Mausoleum) kann täglich von 9 bis 12 und 13 bis 18 Uhr besichtigt werden.*

Vom Schloßtor aus geht man die Lange Straße nach Osten und kommt am *Heimatmuseum* (ehemaliger Burgmannshof aus dem Jahre 1578) vorbei zur *Evangelischen Stadtkirche*, dem sakralen Gegenstück zum Schloß. Die 1611 bis 1615 erbaute Kirche zählt zu den schönsten frühbarocken Kirchenbauten Deutschlands. Vor allem die Fassade gibt der Kirche diesen hohen Wert. Vortreffliche Stücke der reichen Innenausstattung sind das bronzene *Taufbecken* (1615 von Adriaen de Vries geschaffen) und die *Orgel* von 1615. *Die Kirche ist von April bis Oktober* montags bis freitags von 10 bis 12 Uhr geöffnet.

Neben diesen Sehenswürdigkeiten gibt es noch das *Hubschraubermuseum*, das in einem früheren Burgmannshof Petersilienstraße 6 (in der Nähe des Rathauses) untergebracht ist. *Es ist täglich von 9 bis 17 Uhr geöffnet.*

Information: Verkehrsbüro, Rathaus.

Strecke Hannover-Hamm

Bad Eilsen, Minden, Obernkirchen, Rinteln, Stadthagen.

»Forsthaus Heinemeyer«, Harrl 2.

»Haus Niedersachsen«, Grüner Weg 13; »Berliner Hof«, Lange Straße 31.

Hallen- und Freibad.

Veranstaltungen: Konzerte der »Bückeburger Jäger« und des Kinderchors »Schaumburger Märchensänger«; am 14. Mai *Krengelfest* (ein Kinderfest; Erinnerung an die Einführung der Pockenschutzimpfung durch Dr. B. Chr. Faust, 1788 bis 1842, der den Kindern, um ihnen die Impfung schmackhaft zu machen, einen Krengel = Brezel schenkte).

Gut 7 km nördlich von Bückeburg liegt im *Schaumburger Wald* das Schlößchen *Baum*, ein 1760/61 von Graf Wilhelm von Schaumburg-Lippe erbautes Jagdschloß (jetzt Jugendheim), in dessen englischem Garten zwei hervorragende frühbarocke Portale aus Bückeburg stehen.

Die Rundfahrt setzt man ab Bückeburg auf der B 65 fort, von der man in *Obernkirchen-Gelldorf*, 40 km, nach rechts abbiegt zu einem Besuch von

Obernkirchen (11500 Einw.), 1 km von der B 65. Das malerische, an den Bückebergen gelegene Städtchen, in dem vor allem um den Markt herum noch alte Fachwerkhäuser stehen, wird von der Kirche und den Gebäuden des *Stifts* beherrscht, das Mitte des 12. Jahrhunderts als Augustiner-Nonnenkloster gegründet wurde. Die Stiftskirche besteht aus einem romanischen Westbau (Mitte 12. Jh.) und einem gotischen Langhaus (14. Jh.). Die reiche Innenausstattung weist unter anderem auf: einen 1496 geweihten gotischen Hochaltar: eine von einer Mosesfigur getragene Kanzel (17. Jh.); das Epitaph des 1665 gestorbenen Bürgermeisters Georg Tribbe. Die um den Kreuzgang gelegenen Stiftsgebäude (vorwiegend 16.–18. Jh.) haben mit Sollingplatten (s.S. 49) gedeckte Dächer.

In der Nähe von Obernkirchen wird in den Bückebergen mindestens seit dem 12. Jahrhundert der *Wealdensandstein* gebrochen, ein hellgrauer, feinkörniger Stein, der bei den Baumeistern der Weserrenaissance sehr beliebt war und außerhalb des Wesergebiets in vielen norddeutschen und nordeuropäischen Städten Verwendung fand.

Zu Obernkirchen gehört der südlich gelegene, sehr waldreiche Erholungsort *Krainhagen*.

Information: Stadtverwaltung, Markt 4, und Verkehrsverein Krainhagen.

Bückeburg, Rinteln, Stadthagen.

Hotels und Gasthöfe in Obernkirchen und Krainhagen.

Krainhagen – Freibad.

Stadthagen (25000 Einw.), 47 km, das man auf der B 65 erreicht, wurde nach Rodung des großen Dülwaldes um 1222 von den Schaumburger Grafen gegründet und erhielt 1344 Stadtrecht. Das Schloß war bis 1608 eine der gräflichen Residenzen. Im Mittelpunkt der von Anlagen (sie sind an die Stelle der mittelalterlichen Stadtbefestigung getreten) umgebenen *Altstadt* liegt der vom *Rathaus* (Ende 16./Anfang 17. Jh.) beherrschte *Marktplatz;* dort stehen auch die Fachwerkhäuser *Gildehof* (Nr. 8; 1573 erbaut; sehr hübscher Er-

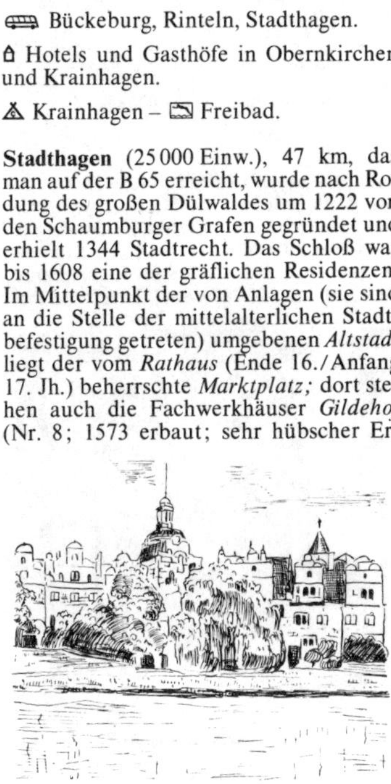

Schloß Bückeburg

ker), *Möhling* (Nr. 21; 1649 erbaut). Ein Haus im Stil der Weserrenaissance ist das Haus Nr. 4 (um 1610 erbaut).

Vom Markt aus geht man zur Stadtkirche *St. Martini* (14.–15. Jh.), von deren Innenausstattung vor allem der Altar (flandrischer Schnitzaltar aus dem 15. Jh. mit Renaissanceaufbau) und das Grabmal (um 1580) des Grafen Otto IV. von Schaumburg und seiner beiden Frauen zu nennen sind. Hinter der Kirche steht das 1609 bis 1627 erbaute *Mausoleum*, ein Meisterwerk des deutschen Frühbarocks. In der Mitte des Mausoleums steht das von Adriaen de Vries geschaffene *Grabmal* des Fürsten *Ernst von Schaumburg* (gestorben 1622).

Die *Obernstraße* (Hauptstraße der Stadt) führt zu dem um 1550 erbauten Fachwerkhaus *Alte Amtspforte* (jetzt *Heimatmuseum*) und zum *Schloß*, das im wesentlichen in den Jahren 1534 bis 1537 von *Jörg Unkair* (s.S. 9) erbaut wurde.

Information: Verkehrsamt, Am Markt 1.

Strecke Hannover–Hamm.

Bad Nenndorf, Hannover, Minden, Rinteln u.a.

»Parkhotel« (garni), Büschingstr. 10; »Zur Amtspforte«, Obernstr. 31.

»Schwarzer Adler«, Am Markt 23.

Wellenfreibad.

Bad Nenndorf (8500 Einw.), 59 km, an der B 65 gelegen, ist Niedersächsisches Staatsbad (Schlamm, Schwefel, Sole). Seine Schwefelquelle war schon Mitte des 16. Jahrhunderts als heilkräftig bekannt. Das Bad wurde 1787 vom Landgrafen Wilhelm IX. von Hessen gegründet. Die Mitte des Ortes, der zwischen den Bückebergen und dem Deister liegt, wird vom *Kurpark* (alter Baumbestand) und den Kuranlagen eingenommen. Vom Kurpark aus führt ein Wanderweg in die Wälder des Deisters.

Mausoleum in Stadthagen

Information: Kur- und Verkehrsverein, Hauptstraße 11 (Staatl. Kurhaus).

Strecke Hannover–Haste.

Hameln, Hannover, Minden, Rinteln, Stadthagen u.a.

»Kurhotel Hannover«, Hauptstr. 12a.

»Lindenhof«, Bahnhofstraße 29.

»Schönburger Hof«, Rodenberger Allee.

Thermalsole-Hallen/Freibad.

Rodenberg (14000 Einw.) und **Auetal** (6700 Einw.). Auf der B 442 fährt man von Bad Nenndorf aus durch die Samtgemeinde Rodenberg, die aus dem Städtchen Rodenberg und den Ortsteilen Apelern, Lauenau, Messenkamp, Hülsede und Pohle besteht. Von *Apelern* (evangelische Pfarrkirche mit dem um 1600 angelegten Münchhausenschen Erbbegräbnis) kann man einen Abstecher durch die Gemeinde Auetal machen, die von Wiersen (südwestlich von Apelern) bis Rolfshagen (südlich von Obernkirchen) reicht und deren Hauptort *Rehlen* ist.Bei Rehlen unterquert man die BAB 2 und kommt über die Auetaler Ortsteile Hattendorf und Antendorf zum Rodenberger Ortsteil *Lauenau* (Renaissanceschloß Schwedesdorf; im Stil englischer Neugotik gehaltenes Meysenbugsches Schloß). Südöstlich von Lauenau liegt *Messenkamp*, von wo eine Straße nach *Hülsede* führt. Dort sind die Aegidiuskirche (vorwiegend 14. Jh.). und das malerische Wasserschloß (16. Jh.) des Rittergutes Mengersen besuchenswert.

Information: Samtgemeindeverwaltung, Rathaus, 3054 Rodenberg; Gemeinde Auetal, Rehrener Str. 25, 3262 Auetal 1.

In allen genannten Ortsteilen, vor allem in Rodenberg einige Hotels.

Freibäder in Rodenberg u. Auetal.

Von Messenkamp führt eine Straße in östlicher Richtung quer durch den Deister nach *Barsinghausen-Egestorf* und

Barsinghausen (34000 Einw.), 85 km (ohne den Abstecher durch die Gemeinde Auetal), das in 100 m Höhe am Fuß des Deisters liegt, ist ein sich steigender Beliebtheit erfreuender Erholungsort mit einem Netz bequemer Wanderwege, einer Rodelbahn und einem Skigelände, das auch für Skiwanderungen geeignet ist. Im alten Stadtzentrum stehen das im 12. Jahrhundert gegründete *Kloster* (Damenstift; Gebäude aus dem späten 17. Jh.) und die zugehörige *Marienkirche* (13. Jh.). Weiter südlich liegt in der Nähe der Sportplätze und des Festplatzes, von Wald umgeben, die *Deister-Freilichtbühne* (eröffnet 1931), auf der von Mai bis August, sonntags und samstags Aufführungen stattfinden.

Information: Verkehrsamt, Rathaus.

Strecke Hannover–Haste.

Bad Nenndorf, Hannover u.a.

»Ratskeller«, Marktstraße 21.

»Bergschlößchen«, Bergstr. 34.

Ludwig-Jahn-Straße 14 (ganzj.).

Hallenbad und Freibäder.

Über den Ortsteil Egestorf fährt man am Fuße des Deisters entlang weiter nach *Wennigsen* (12000 Einw.), 95 km, in dessen Ortszentrum ein im 13. Jahrhundert gegründetes *Kloster* steht (Kirche vorwiegend 16. Jh.; an der Südwand spätromanisches Tympanon; im Innern eine recht beachtenswerte Holzkanzel von 1671 und am Triumphbogen zwei spätgotische Holzfiguren, die Christus und Petrus darstellen; Klostergebäude aus dem frühen 18. Jh.; malerischer Klostermühlenteich).

Ein Ortsteil von Wennigsen ist das südöstlich nahe der B 217 gelegene *Bredenbeck*, 99 km, dessen heute durch ein Herrenhaus ersetztes Schloß der Stammsitz der *Freiherren von Knigge* war. Der Letzte dieses Geschlechtes, Adolf von Knigge (1752–1796), schrieb »Über den Umgang mit Menschen«, das berühmte Lehrbuch des »guten Tons«.

Auf der B 217 fährt man durch den *Kniggeschen Forst* und über *Völksen* nach *Springe* (31000 Einw.;), 109 km, das zwischen dem *Großen Deister* im Norden und dem *Kleinen Deister* im Süden liegt. Im Kleinen Deister liegt das Naturschutzgebiet *Saupark* (ehemaliger Hofjagdbezirk) mit dem *Wisent-Freigehege* im Nordosten.

Für die Weiterfahrt von Springe nach Hameln bieten sich drei Wege an: die B 217 als direkter Weg (19 km); die B 217 mit Umweg über Bad Münder (22 km); der Weg durch den Saupark nach *Springe-Eldagsen*, dann die Waldstraße zwischen Saupark und Osterwald nach *Coppenbrügge* (s.S. 44), weiter die B 442 bis Bad Münder, von dort zurück zur B 217 und auf dieser nach Hameln (48 km).

Wisent-Freigehege

Bad Münder (21000 Einw.), 115 km (direkter Weg ab Springe), liegt in 120 m Höhe zwischen Deister und Süntel, und zwar im Tal der *Hamel*, die bei Hameln in die Weser mündet. In der Innenstadt stehen noch viele Ackerbürgerhäuser aus dem 17. bis 19. Jahrhundert (besonders an der Langen Straße). Die Quellen von Bad Münder sind Sole-, Schwefel-, Bitterwasser- und Eisenquellen; sie waren bereits im Mittelalter bekannt, und von den Solequellen weiß man, daß sie schon in der ersten Hälfte des 11. Jahrhunderts genutzt wurden. Das bei den Quellen gelegene Dorf wurde im 13. Jahrhundert Stadt. Für deren Wirtschaft hatte die Salzgewinnung lange Zeit große Bedeutung (die Saline hatte bis 1924 Bestand). Heute spielt die Möbelindustrie eine große Rolle.

Das Kur- und Badehaus sowie der Kurpark liegen im Ostteil der Stadt. Zu den Einrichtungen des Kurmittelhauses gehört seit 1972 auch ein *Sole-Bewegungsbad*. Südlich davon befindet sich nahe der Hamel das *Rohmelbad*, ein kombiniertes Mineralwasser-Hallen- und Freibad, das sich besonders großer Beliebtheit erfreut.

Information: Kurverwaltung, Steinhof.

Strecke Hannover–Altenbeken.

Hannover, Hameln, Bad Nenndorf.

»Terrassen-Café«, Querlandweg 2.

»Berggasthaus Zur Eulenflucht«, Im Süntel (gut 6 km außerhalb).

Zur Weiterfahrt benutzt man die B 442 und geht in *Bad Münder-Hachmühlen*, 119 km, auf die B 217 über. Hachmühlen ist der Ausgangspunkt für den Abstecher nach Bad Münder, wenn man ab Springe den Weg über Eldagsen und Coppenbrügge nimmt. Ab Hachmühlen fährt man auf der B 217 nach Hameln, 131 km, zurück.

Route 2: Hameln – Einbeck – Holzminden

Diese Rundfahrt umschließt von den östlich der Weser gelegenen Teilen des Weserberglandes *Ith, Hils* und *Vogler* und den südlichen Teil des *Osterwalds*. Man verläßt Hameln auf der B 1 und erreicht über *Hameln-Afferde* den aus vielen kleinen Ortsteilen bestehenden, aber sehr großflächigen (fast 90 km²) Flecken (Einheitsgemeinde)

Coppenbrügge (8 500 Einw.), dessen namengebender Kern Coppenbrügge in 15 km Entfernung von Hameln am Schnittpunkt von B 1 und B 442 liegt. Im Bereich der Gemeinde lassen sich Spaziergänge und Wanderungen in den östlich gelegenen Osterwald und in den südlich gelegenen Ith (sein nördlichster Teil ist der Staatsforst Coppenbrügge) unternehmen. Auch der Saupark (s.S. 43) mit seinem Wisentgehege gehört zu den Wanderzielen. Im Ortsteil *Bisperode* steht ein vorwiegend barockes Wasserschloß (1694–1700), das letzte Schloß, das an der Oberweser gebaut worden ist.

Information: Rathaus, Coppenbrügge 1.

🚆 Strecke Hameln–Hildesheim.

🚌 Bodenwerder, Elze, Hameln u.a.

⌂ Hotels, Gasthöfe, Pensionen.

▭ Frei- und Hallenbad.

Salzhemmendorf (12 000 Einw.) ist ein ebenfalls aus kleinen Ortsteilen bestehender und großflächiger Flecken (fast 95 km²), dessen Mittelpunkt das an der B 1 südlich von Coppenbrügge gelegene *Hemmendorf*, 20 km, ist. In allen Ortsteilen (u.a. Oldendorf, Osterwald, Benstorf, Salzhemmendorf und Lauenstein) befinden sich Wanderparkplätze und an den Ausgangspunkten der Wanderwege Wan-

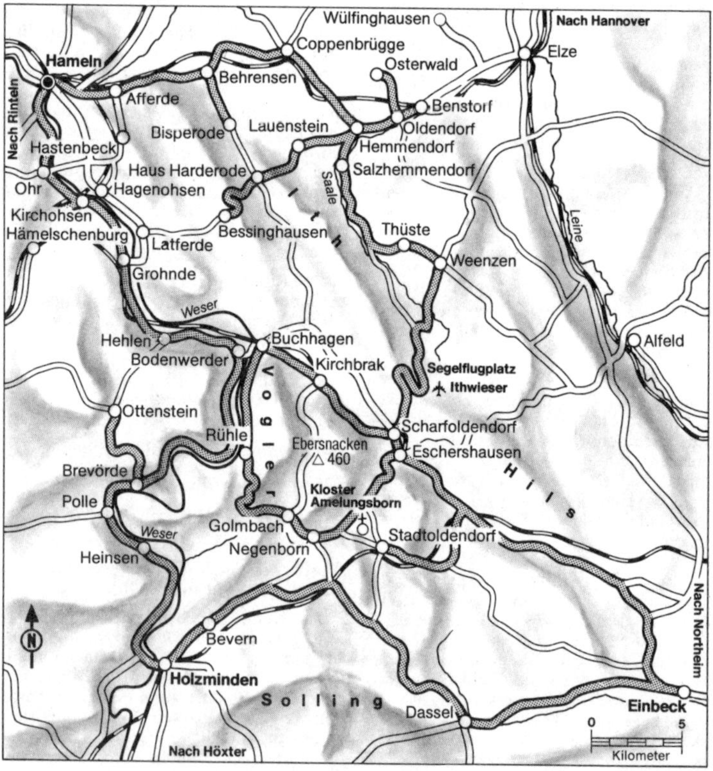

derkartenhäuser. Der Ortsteil *Lauenstein*, ein ehemals befestigter Burgflecken (Burgruine; Spiegelberger Kapelle von 1464; sogenannte Knabenburg) liegt an dem einzigen über den Ith führenden Paß, über den man einen Abstecher bis *Emmerthal-Bessinghausen* machen kann, sofern man Freude an bescheidenen Paßfahrten hat; Bessinghausen ist nämlich nordöstlich ein Höhenzug vorgelagert, über den ebenfalls ein Paß führt. Der Ortsteil *Salzhemmendorf*, der dem neugebildeten Flecken den Namen gegeben hat, verdankt den Zusatz »Salz« seinen Naturquellen (Schwefelsolbad). *Wallensen*, der südlichste Ortsteil (im 14./15. Jh. Stadt), besitzt ein Thermalfreibad.

Information: Hauptstraße 2, Salzhemmendorf 1.

Stationen Osterwald und Voldagsen der Strecke Hameln–Elze.

Alfeld, Coppenbrügge, Duingen, Elze, Hameln.

Hotels in Osterwald, Gasthöfe in den anderen Ortsteilen.

Naturfreundehaus Lauenstein.

In Lauenstein und Wallensen.

Salzhemmendorf, Lauenstein, Osterwald und Wallensen.

Über *Salzhemmendorf-Thüste*, *Duingen-Weezen* und vorbei am Segelflugplatz *Holzen-Ith* erreicht man

Eschershausen/Ith (8300 Einw.), 45 km. Dieser 140 m hoch zwischen Vogler im Westen, Ith und Hils im Osten gelegene Ort nennt sich *Wilhelm-Raabe-Stadt*. Der Dichter Wilhelm Raabe (s.S. 10) wurde dort geboren. In seinem *Geburtshaus* (Raabe-Straße 5) ist ein Gedenkzimmer eingerichtet. Vor der *Wilhelm-Raabe-Schule* steht ein *Raabe-Denkmal*. Auf dem *Großen Sohl* im Nordosten der Stadt erinnern *Raabe-Turm* und *Raabe-Stein* an den Dichter. Raabes Roman »Alte Nester« spielt zum Teil in Eschershausen.

Information: Verkehrsverein, Schillerstr. 6.

Emmerthal–Hameln, Holzminden, Stadtoldendorf.

»Zum Stadtberg«, Stadtbergstraße 2.

Am Hüschebrink 17 (ganzj.).

Man kann von Eschershausen aus eine Rundfahrt (33 km) um den *Vogler*, der zwischen Eschershausen und der Weser liegt, machen. Man nimmt den Weg über *Eschershausen-Scharfoldendorf*, die Bodenwerder Ortsteile *Kirchbrak* (Fahr- und Wanderweg zum *Ebersnacken*, 460 m, der höchsten Erhebung des Voglers; Aussichtsturm), *Buchhagen* und *Rühle*. Bei Rühle verläßt man das Wesertal und fährt durch den *Rühler Schweiz* genannten Teil des Voglers nach *Golmbach* und weiter nach *Negenborn* (beide Ortsteile von Bevern), die wie das nahe Holenberg Sommerfrischen sind, von wo aus die B 64 wieder nach Eschershausen führt. An diesem letzten Abschnitt der Vogler-Rundfahrt liegt das Kloster *Amelungsborn*, eines der ältesten Zisterzienserklöster Deutschlands (1129 gegründet). Die ehemalige Klosterkirche stammt aus dem 12. (Langhaus und Querschiff, romanisch) und 14. Jh. (Chor, gotisch).

Von der Straße Eschershausen-Einbeck macht man einen Abstecher (6 km je Weg) nach

Stadtoldendorf (12000 Einw.). Das in 228 m Höhe am Fuß des *Kellbergs* (348 m) und eines 404 m hohen Gipskegels (Ruinen der *Homburg*; Bergfried 1934 bis 1936 erneuert) gelegene Städtchen ist zum Teil noch von Mauern und Türmen umgeben und überrascht in seinem alten Kern mit 40 niedersächsischen Bauernhäusern aus dem 17. bis frühen 19. Jahrhundert (das älteste ist das *Peineckesche Haus*, Markt 4, das 1602 erbaut wurde). Im Hause Markt 3 hat *Wilhelm Raabe* von 1842 bis 1845 gelebt. In dem unvollendet gebliebenen Roman »Altershausen« hat er Stadtoldendorf ein Denkmal gesetzt. In Stadtoldendorf lebte lange *Konrad Beste* (1890–1958), dessen »Löhnefink«-Romane in der Umgebung spielen.

Information: Info-Zentrum, Neue Str. 2a.

Strecke Altenbeken–Kreiensen.

Dassel, Einbeck, Hameln, Holzminden, Kreiensen.

»Bahnhofshotel«, Deenser Str. 2.

Frei- und Hallenbad.

Einbeck (33000 Einw.), 68 km, das man von Eschershausen aus nach einer Fahrt entlang dem Fuß des Hils erreicht, sagt von sich, es sei ein »Grund zur Rast«. Begründet wird dies mit der schönen Lage, dem reichen mittelalterlichen Baubestand und nicht zuletzt mit dem Einbecker Bockbier. Tatsächlich besitzt die im 13. Jahrhundert gegründete Stadt, deren Brauer ihr Starkbier schon im 14. Jahrhundert exportierten (vor dem Rathaus ein Brunnen mit Eulenspiegel als Brauknecht), sehr viele, meist in Gruppen beieinander stehende alte Häuser.

Rathaus von Einbeck

Den Mittelpunkt der Altstadt bildet der *Markt*. An ihm stehen das *Rathaus* (16. Jh.), dessen drei Vorbauten von schiefergedeckten Kegeldächern (Wahrzeichen der Stadt) überragt werden, daneben die *Ratswaage* (1565), sodann die Marktkirche *St. Jakobi* (13.–14. und 18. Jh.), deren schiefer Turm weithin sichtbar ist, das *Brodhaus* (um 1555) und die *Ratsapotheke* (um 1565). Vom Markt aus führt nach Westen die *Tiedexer Straße*, die altertümlichste Straße der Stadt. Bei den alten Häusern handelt es sich vorwiegend um Fachwerk-Ständerbauten mit vorspringenden Obergeschossen und mit Sandsteinplatten gedeckten hohen Dächern. Das Gebälk ist an den Schauseiten vor allem mit Fächerrosetten, Taubändern und Eierstäben geschmückt. Das an der Ecke Marktstraße/Knochenhauerstraße stehende *Eickesche Haus* fällt mit seinem figürlichen Schmuck aus dem Rahmen. Im Patrizierhaus Steinweg 11 (1548) befindet sich das *Heimatmuseum* (dienstags bis freitags 10–12 und 14–16, samstags/sonntags 10–12 Uhr). Bürgerhäuser mit Braugerechtsame sind an der Toreinfahrt zu erkennen, die in die Diele führt, an den bruchsteingewölbten Bierkellern und an den steilen Dächern, die mit Schleppluken versehen sind (auf dem Dachboden wurde die Gerste gelagert).

Am Nordende des Steinwegs steht die ehemalige Stiftskirche *St. Alexandri*, die über älteren Fundamenten vom Ende des 13. bis zum Ende des 15. Jahrhunderts erbaut wurde. Sie war früher eine bedeutende Wallfahrtskirche. Daran erinnert noch die *Kapelle des Heiligen Blutes*. Das in ihr stehende Taufbecken stammt von 1427, das Chorgestühl der Kirche von 1288.

Information: Fremdenverkehrsamt, Rathaus, Zimmer 5.

🚗 Strecke Hannover–Göttingen.

🚌 Dassel, Holzminden, Stadtoldendorf.

🏨 »Panorama«, Mozartstraße 12; »Zum Hasenjäger«, Hubeweg 119.

🏠 »Zum Schwan«, Tiedexer Str. 1.

Feriendorf: »Brockenblick«, Ortsteil Negenborn.

An das weite Stadtgebiet von Einbeck (fast 166 km²) schließt sich im Westen das Gebiet (fast 113 km²) der durch Ortszusammenlegungen gebildeten Stadt *Dassel* (14000 Einw.) an, deren Zentrum das alte, kleine Dassel, 81 km, ist. Der Wanderfreund ist in den Ortsteilen Lüthorst, Lauenberg und Sievershausen besonders gut aufgehoben.

Von Dassel aus den *Naturpark Solling* nördlich umrundend (eine Fahrt durch den Naturpark wird auf Seite 49 vorgeschlagen), kommt man nach *Bevern* (4200 Einw.), 99 km, wo das von Statius von Münchhausen erbaute Schloß (1603–1612; Weserrenaissance) besuchenswert ist.

Holzminden (25000 Einw.), 104 km, zu dem der heilklimatische Kurort Neuhaus im Solling und der Luftkurort Silberborn gehören, liegt am rechten Ufer der Weser, deren Tal hier nach Osten hin eine beträchtliche Breite hat. Die Stadtgründung dürfte um 1200 erfolgt sein. Im 30jährigen Krieg wurde die Stadt fast ganz niedergebrannt. Ende des 19. Jh. entwickelte sich Holzminden zur Stadt der *Riech- und Geschmacksstoffindustrie*.

Zum Rundgang geht man vor der *Weserbrücke* (Blick auf Corvey und Höxter) die Treppe hinunter zum alten *Fährhaus* (Fachwerkbau) und zur *Jugendherberge* (auf den Fundamenten einer Burg errichtet), über die *Kastanienallee* (Hafendamm) zum *Tillyhaus* (1609; der Feldherr Tilly soll dort sein Quartier gehabt haben), durch die an Fachwerkhäusern reiche *Grabenstraße* zum *Reichspräsidentenhaus* (1927; im Turm des Torhauses Glokkenspiel, das um 8, 12 und 18 Uhr erklingt und dessen Figurenspiel den Meisterumzug der Bauschüler darstellt; Holzminden erhielt 1831 die erste deutsche Baugewerkschule, heute Fachhochschule für Architektur und Bauingenieurwesen), sodann weiter zum *Haarmann-Platz*, an dem die genannte Fachhochschule steht. Man geht weiter durch die *Oberbachstraße* (am Katzensprung Heimatmuseum, mittwochs 15–17, sonntags 10.30–12.30 Uhr) bis *Halbmondstraße/Karlstraße* (dort steht der *Wilhelm-Raabe-Brunnen* mit einer den Klaus Eckenbrecher, eine Gestalt aus Raabes Roman »Der hillige Born«, darstellenden Plastik), sodann durch die *Halbmondstraße* (Fachwerkhaus *Severin*) zum Markt, an dessen Westseite die *Lutherkirche* steht.

Information: Fremdenverkehrs- und Kulturamt, Neue Straße 17.

Altenbeken, Kreiensen, Scherfede.

Bad Driburg, Beverungen, Brakel, Dassel, Einbeck, Stadtoldendorf; Verbindungen mit den eingemeindeten Orten; Bad Pyrmont, Bodenwerder, Hameln, Hannoversch Münden, Polle.

Hannoversch Münden, Hameln.

»Parkhotel Interopa«, Altendorfer Straße 19.

»Immenhof« (garni), Sachsenring 5.

»Tannenhof«, Himbeerbusch 23.

Am Steinhof (Weserbrücke; ganzj.).

An der Weserbrücke (linkes Ufer).

Frei- und Hallenbad.

Die Rundfahrt wird nun am linken Ufer der Weser, auf der B 83, der Wesertalstraße fortgesetzt. Sie führt über *Polle-Heinsen* nach

Polle (5 600 Einw.), 116 km, einem an der großen Weserschleife gelegenen Erholungsort, der von den Ruinen der im 30jährigen Krieg zerstörten Burg *Everstein* überragt wird. Der Tourismus spielt in Polle eine führende Rolle. Mit den Ortsteilen *Ottenstein* (dazu gehören auch Glesse und Lichtenhagen) und *Vahlbruch* (dazu gehört auch Meiborssen) reicht die Samtgemeinde Polle aus dem Tal weit auf die Weserberghöhen hinauf. Etwas östlich von dem an der Weser gelegenen Ortsteil *Brevörde* (dazu gehört auch Grave) zweigt von der Wesertalstraße eine auf den ersten gut 2 km sehr kurvenreiche und landschaftlich schöne Straße ab. Sie führt hinauf zur *Ottensteiner Hochebene*. Von der Hochebene aus hat man einen ausgezeichneten Blick auf einige der eindrucksvollsten Teile des Wesertals, in dem auch der Ortsteil Heinsen liegt.

Holzminden: Altstadtwinkel

Information: Verkehrsverein, Burghof, Polle; Ottenstein, Lichtenhagen, Vahlbruch.

Bad Pyrmont, Hameln, Holzminden.

Hannoversch Münden, Hameln.

Gasthöfe in allen Orten.

Bergstraße 198 (ganzj.).

Mehrere Plätze.

Frei- und Hallenbäder.

Feriendörfer: Bungalow-Park und Holiday-Park.

Bodenwerder (13 500 Einw.), 131 km, ist in erster Linie die Münchhausen-Stadt, die Stadt des als »Lügenbaron« bekannt gewordenen *Karl Friedrich Hieronymus von Münchhausen* (1720–1797). Entstanden ist der Ort wahrscheinlich im 10. Jahrhundert, und zwar im Anschluß an die Gründung des Klosters *Kemnade* (um 960; s.S. 48). Diese erste Ansiedlung, die heutige *Altstadt*, lag auf einer Weserinsel, einem Werder, der heute mit dem linken Weserufer verbunden ist. Da dieser Werder einem *Bodo* gehörte, entstand der Ortsname Bodenwerder, als die Ansiedlung um 1300 Stadt wurde. In neuester Zeit hat die Stadt in industrieller Hinsicht eine beachtliche Entwicklung genommen (Oberweser-Werft, Arminius-Werft, Baustoffwerke), zugleich aber auch an touristischer Bedeutung gewonnen, dies nicht zuletzt durch das am rechten Weserufer gelegene *Jodsolbad*, dessen Quelle 1886 erbohrt wurde. Bodenwerder ist staatlich anerkannter Luftkurort.

In der Altstadt steht am *Münchhausen-Platz* das *Rathaus*. Es handelt sich dabei um das 1605 von Johann Hundertossen aus Hameln erbaute Herrenhaus derer von Münchhausen, Geburts- und Sterbehaus des Lügenbarons, seit 1935 Eigentum der Stadt. In diesem Haus befindet sich auch das *Münchhausen-Museum* (*geöffnet von Mai bis September von 10–12 und 14–17 Uhr)*, in dem Erinnerungsstükke an den Lügenbaron zu sehen sind. In den Wandmalereien sind einige seiner berühmtesten Erlebnisse dargestellt (siehe Abbildung).

In dem hübschen *Rathauspark* steht ein *Münchhausen-Brunnen* (der Lügenbaron reitet auf einem halben Pferd).

Geht man vom Rathaus aus nach Westen, so kommt man nach Überqueren der *Poller Straße* (B 83) über Treppen zum

Münchhausens Ritt auf Kanonenkugeln

Berggarten und zum *Münchhausen-Pavillon*, einem 1763 erbauten Gartenhaus, in dem der Lügenbaron im Freundeskreis seine Geschichten zu erzählen pflegte. Das Erdgeschoß ist grottenartig angelegt; das ganze Gebäude wird daher vielfach auch die *Grotte* genannt.

An der Südseite des Marktes steht die 1407 bis 1411 erbaute gotische Stadtkirche *St. Nikolai* (1900 stark verändert). Das ihr gegenüber an der Ecke des *Corvinusganges* stehende *Pigge-Haus* ist eines der schönsten Fachwerkhäuser von Bodenwerder. Ganze Gruppen alter Fachwerkhäuser sieht man vor allem an der *Homburgstraße*, die zwischen Markt und Weser in Nord-Süd-Richtung verläuft.

Nordwestlich der Altstadt liegt das heute zu Bodenwerder gehörende *Kemnade* mit dem um 960 gegründeten *Kloster* (in der Nähe des Bahnhofs). Die Kirche wurde 1046 geweiht; sie hat in der Folgezeit viele Veränderungen erfahren, ist aber im wesentlichen ein frühromanisches Bauwerk geblieben. Zur Innenausstattung gehören eine *Strahlenmadonna* (Schnitzerei aus dem späten 15. Jh.), eine vor der Westwand stehende kleine *Steinmadonna* (um 1400), im südlichen Querschiff die *Tumba* des Grafen *Siegfried von Homburg* (gestorben 1380; aus dem Geschlecht der Bodonen) und seiner Gattin. Bei den Resten der ehemaligen Klostergebäude handelt es sich um Renaissancebauten.

Information: Verkehrsamt, Große Str. 35 (Altstadt); auf Wunsch Stadtführungen.

🚌 Hameln, Holzminden, Polle-Ottenstein, Stadtoldendorf.

⛴ Hannoversch Münden, Hameln.

⌂ Zahlreiche Hotels, Gasthöfe und Pensionen in Bodenwerder; Gasthöfe und Pensionen auch in den Ortsteilen Hehlen, Rühle und Pegestorf.

⚠ Richard-Schirrmann-Weg 6 (ganzj.).

⛺ Mehrere Plätze.

🏊 Frei- und Hallenbad.

Veranstaltung: Mitte August (Datum ist beim Verkehrsverein zu erfragen) findet ein großes *Lichterfest* auf der Weser statt, eine der eindrucksvollsten Veranstaltungen im Weserbergland.

In *Bodenwerder-Hehlen*, 135 km, steht ein in den Jahren 1579 bis 1584 für den Söldnerführer Fritz von der Schulenburg erbautes *Wasserschloß*, eine turmbewehrte Vierflügelanlage. Dieses Schloß ist das erste der großen Adelsschlösser der Weserrenaissance, wenn es auch nicht in jeder Hinsicht dieser Stilrichtung entspricht (Außenbesichtigung).

In Hehlen zweigt von der Wesertalstraße, die ab Holzminden mit der *Deutschen Märchenstraße* identisch ist, die Deutsche Märchenstraße nach Westen ab; sie verläuft über Bad Pyrmont (s.S. 59) und Hämelschenburg (s.S. 59) und vereinigt sich in Emmern wieder mit der Wesertalstraße (B 83). Emmern ist ein Teil der Gemeinde *Emmerthal* (12000 Einw.; rund 115 km²Fläche), die sich zwischen Bodenwerder und Hameln beiderseits der Weser erstreckt und zu der auch das durch die Kernkraftwerkauseinandersetzungen bekannt gewordene *Grohnde* gehört. Gegenüber von Grohnde liegt am rechten Weserufer das »Grohnder Fährhaus«, das mit einer Wagenfähre zu erreichen ist und zu den beliebtesten Ausflugszielen in der Umgebung von Hameln zählt (Kaffeegarten, Restaurant, dessen Spezialitäten Aalgerichte sind).

Auf der B 83 kommt man am Ohrberg (s.S. 17) vorbei und über die Weserbrücke ins Zentrum von Hameln (154 km).

Route 3: Höxter – Dassel – Uslar – Hannoversch Münden – Karlshafen

Diese Route umschließt einige der südlichsten Teile des Weserberglandes, und zwar rechts der Weser den *Solling* und den *Bramwald*, links der Weser den *Reinhardswald*.

Man verläßt Höxter (s.S. 32) auf der nach Holzminden-Neuhaus führenden Straße, biegt von dieser aber nach 4 km in die nach Beverungen führende Straße ein, um das hoch über der Weser am Rande des Sollings gelegene *Boffzen-Fürstenberg* zu besuchen. Im dortigen *Renaissanceschloß* (um 1600; später verändert und erweitert) wurde im Jahre 1747 von *Karl I.*, Herzog zu Braunschweig-Lüneburg, die noch heute bestehende *Porzellanmanufaktur* eingerichtet, deren Markenzeichen das *F* mit der Herzogskrone ist (*werktags 9–17, sonntags 10–12 Uhr).*

Unterhalb von Fürstenberg liegen an den der Weser zugewandten Hängen des Karhagenberges große *Steinbrüche*, einige der Steinbrüche, aus denen die *Sollingplatten* kamen, mit denen vielerorts im Weserbergland die Dächer gedeckt wurden.

Holzminden-Neuhaus, 16 km, ist ein staatlich anerkannter heilklimatischer Kurort, der in 370 m Höhe mitten im *Naturpark Solling* liegt. Mindestens seit dem 16. Jahrhundert werden in Neuhaus Pferde gezüchtet und war die Umgebung Jagdgebiet der Herzöge von Braunschweig-Wolfenbüttel. Das im Zentrum des Ortes stehende *Jagdschloß* (keine Innenbesichtigung) wurde 1786 erbaut. Südlich des Ortes liegen das *Ostpreußengestüt* (Hannoveraner und Trakehner) und ein *Wildpark*, in dem unter anderem Hirsche aus dem ostpreußischen Rotwildrevier Rominter Heide zu sehen sind. Im Frühjahr und Herbst werden in der Nähe von Neuhaus Reitjagden mit der Niedersachsen-Meute veranstaltet. Die Umgebung von Neuhaus ist auch Wintersportgebiet (Skilift von der Lindenstraße aus).

Information: Kurverwaltung, Holzminden 2.

🚌 Beverungen, Göttingen, Hameln, Hannoversch Münden, Holzminden u.a.

⌂⌂⌂ »Park-Hotel Düsterdiek« (mit Hallenschwimmbad), Am Wildenkiel 19; »Schatte« (mit Hallenschwimmbad), Am Wildenkiel 15.

⌂⌂ »Sollinger Hof«, Am Langenberg 2.

⌂ »Brauner Hirsch«, Am Langenberg 5.

Für die Weiterfahrt nach Uslar bieten sich drei Wege durch den Solling an: die *B 497* (direkter Weg, 16 km), der kleine Umweg über den staatlich anerkannten Luftkurort *Holzminden-Silberborn* (4 km mehr; ⌂⌂ ⌂ △ ⛺ ▭) und der große Umweg (43 km mehr) über *Dassel* (s.S. 46) und, an der Grenze des Naturparks Solling/Vogler entlang, über *Moringen-Fredelsloh* (ehemalige Stiftskirche aus dem 12. Jh., von 1969–1974 von Grund auf restauriert) und *Hardegsen* (staatl. anerkannter Luftkurort; ⌂ ⛺ ▭), in dem das Mushaus (1324; Rest einer Burg; heute »Haus des Kurgastes«) sehenswert ist.

Uslar (17300 Einw.), 32 km (bei Benutzung der B 497 ab Holzminden-Neuhaus), liegt in 225 m Höhe in einem weiten Talkessel der *Ahle* und ist die Eingangspforte zum *Südsolling*. Das im 13. Jahrhundert gegründete Städtchen besitzt noch einen ziemlich großen Baubestand aus dem 16. und 17. Jahrhundert, insbesondere die an der *Langen Straße* stehenden Fachwerkhäuser, zu denen als ältestes das *Hotel Menzhausen* (1576; Lange Straße 12) gehört (*an diesem Hotel beginnen samstags um 10.30 Uhr die Stadtführungen, sofern sich genügend Teilnehmer einfinden).* Am Anfang der Langen Straße steht das *Rathaus* (2. Hälfte des 17. Jh.; im ehemaligen Ratskeller steht eine frühgotische Säule). Die hinter dem Rathaus gelegene *Johanniskirche* stammt in der Hauptsache aus dem 15. Jahrhundert (Glasmalereien um 1470 vollendet; geschnitzter Flügelaltar aus der Zeit um 1500). Das *Heimatmuseum* (gegenüber der Kirche) besitzt geologische und volkskundliche Sammlun-

Schnitzerei (Johanniskirche in Uslar)

gen, aber zum Beispiel auch Möbel aus der Produktion der *Ilse-Werke* (eine der größten Kleinmöbelfabriken Europas; im Werk selbst kann dienstags um 10 und donnerstags um 14 Uhr die Ausstellung »Ilse-International« besichtigt werden). *Das Heimatmuseum ist vom 15. Mai bis 1. Oktober dienstags bis sonntags, sonst nur sonntags von 16 bis 18 Uhr geöffnet.*

Information: Städt. Verkehrsbüro, Rathaus, Uslar 1; ferner Verkehrsverein in den eingemeindeten Erholungsorten Bollensen, Delliehausen, Dinkelhausen, Eschershausen, Fürstenhagen, Gierswalde, Kammerborn, Schlarpe, Schönhagen, Vahle, Verliehausen und Volpriehausen.

Strecke Ottbergen–Northeim.

Bodenfelde, Holzminden, Göttingen

»Menzhausen«, Lange Straße 12.

Hotels, vor allem Gasthöfe und Pensionen in allen Ortsteilen; auch Bauernhofpensionen und Ferienwohnungen.

Kupferhammer 13 (ganzj.).

Schönhagen.

Hallenbad und Freibäder.

Man setzt die Fahrt auf der nach *Göttingen* führenden Straße fort, folgt dieser aber über die Uslarer Ortsteile *Schöningen* und *Verliehausen* nur bis

Adelebsen (7 400 Einw.), 47 km, über dem auf hohem Sandsteinfelsen *Burg Adelebsen* liegt. Der eindrucksvollste Teil dieser im 16. und 17. Jahrhundert zum Teil in ein Renaissanceschloß umgewandelten Burg ist der im 14. Jahrhundert erbaute neungeschossige Wohnturm (er gilt als der mächtigste Burgenturm Europas), der an der Außenseite fast 39 m an der Hofseite 32,50 m hoch ist. Der Zugang zum Turm, dessen Mauern im unteren Teil 4,30 m stark sind, liegt rund 4 m über dem Hof, der Turm war also ein kaum einnehmbarer Bergfried. Neben ihm ist vor allem das östlich vorgelagerte Hinterhaus mit Treppenturm (Renaissanceportal) und Rittersaal beachtenswert. Das Hinterhaus wurde in der 2. Hälfte des 14. Jahrhunderts erbaut (um 1598 verändert und nach dem Brand von 1626 wiederaufgebaut) und bildet mit dem Wohnturm den Kern der Oberburg. Das Renaissanceschloß ist die Unterburg. Es handelt sich hier um einen Barockbau (1740), der 1896-1897 im Stil des Neurenaissance umgestaltet wurde.

Auf Landstraßen kommt man nach

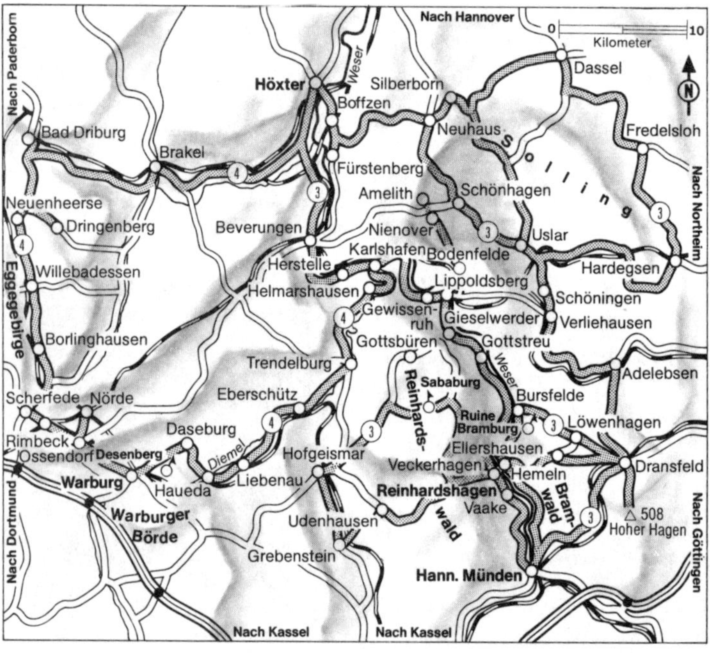

Dransfeld (8 300 Einw.), 58 km, einem freundlichen Städtchen, zu dem der rund 3 km südlich gelegene *Hohe Hagen*, eine 508 m hohe Basaltkuppe, gehört. Auf der Kuppe steht der *Gauß-Turm* mit *Gauß-Gedächtnisstätte*. Die Kuppe hat dem Mathematiker Carl Friedrich Gauß (1777–1855) in den Jahren 1821 bis 1844 als trigonometrischer Punkt bei Vermessungen gedient.

Der kürzeste Weg von Dransfeld nach Hannoversch Münden ist die *B 3* (Deutsche Ferienstraße Alpen/Ostsee; 16 km). Landschaftlich schöner sind die beiden Nebenstraßen, die durch den

Bramwald führen. Auf der nördlichen Straße kommt man durch die Gemeinde *Niemetal* (Ortsteile Imbsen und Löwenhagen) in das an der Weser gelegene und zu Hannoversch Münden gehörende *Bursfelde*. Niemetal-Löwenhagen ist mit ⌂ ⛺ und ▭ ausgestattet. In Bursfelde steht die ehemalige Benediktinerabtei Bursfelde (jetzt Domäne der Hannoverschen Klosterkammer), die im 15. Jahrhundert durch die Bursfelder Kongregation (Ziel: Reform des mönchischen Lebens) bekannt wurde. Die romanische Kirche gehört im wesentlichen dem 12. Jahrhundert an. Die spätgotischen Wandmalereien (Mitte des 15. Jh.) wurden 1957/59 restauriert.

Von Bursfelde aus fährt man an der Weser entlang nach Süden und kommt an der Ruine der hoch gelegenen *Bramburg* vorbei nach *Hemeln* (Ortsteil von Hannoversch Münden), wo die südliche der beiden von Dransfeld aus durch den Bramwald führenden Straßen das Wesertal erreicht (diese südliche Straße ist ein Teil der Deutschen Märchenstraße). Von Hemeln aus geht die Fahrt weiter nach *Hannoversch Münden* (s.S. 36). Der nördliche Weg durch den Bramwald ist 14, der südliche 10 km länger als der direkte Weg von Dransfeld nach Hannoversch Münden.

Reinhardshagen (5 000 Einw.), 85 km (diese Entfernung trifft nur zu, wenn man auf der B 3 von Dransfeld nach Münden fährt), das man von Münden aus auf der Wesertalstraße/Deutsche Märchenstraße erreicht, besteht aus den beiden an der Weser gelegenen Ortsteilen und staatlich anerkannten Luftkurorten *Vaake* und *Veckerhagen*, von denen der letzte als Familienferienort besonders bekannt ist. Den gemeinsamen Namen Reinhardshagen verdanken die beiden Orte dem Reinhardswald, an dessen Rand sie liegen und den man sich besonders von Veckerhagen aus durch Ausflüge erschließen kann (es werden Kutschfahrten veranstaltet).

Sababurg

Information: Verkehrsamt, Amtsstr. 10, Reinhardshagen 1 (Veckerhagen).

🚌 Hannoversch Münden, Kassel, Oberweser.

⛴ Hameln, Hannoversch Münden (Anlegestellen Vaake und Veckerhagen).

⌂ Zahlreiche Hotels, Gasthöfe und Pensionen.

△ »Reinhardswald«, 6 km nördlich von Reinhardshagen.

⛺ Reinhardshagen-Vaake.

▭ Frei- und Hallenbad.

Reinhardswald. Die nachstehend beschriebene Rundfahrt führt durch den südlichen Teil des Reinhardswaldes und geht von Reinhardshagen-Veckerhagen aus, wo sich zwei Strecken der Deutschen Märchenstraße kreuzen. Die Nord-Süd-Strecke ist mit der Wesertalstraße identisch; die Ost-West-Strecke führt von Dransfeld über Veckerhagen und durch den Reinhardswald nach *Hofgeismar*. Diese letzte Strecke verläuft von Veckerhagen aus zunächst 4 km in westlicher Richtung und wendet sich dann nach Norden, nach weiteren 7 km wieder nach Westen und erreicht dann nach 2 km die mitten im Reinhardswald gelegene *Sababurg* (gehört zu Hofgeismar). Die Burg, die als Vorbild zum Dornröschenschloß in Grimms Märchen gilt, bestand unter dem Namen Zapfenburg bereits im 13. Jahrhundert. Über den Ruinen der Zapfenburg wurde im 16. und 17. Jahrhundert die Sababurg errichtet, die 1826 zum Teil abgebrochen wurde und im übrigen verfiel. Ins 16. Jahrhundert reicht auch der Wildpark zurück, der heute noch besteht (530 Morgen groß; rund 50 Tierarten, darunter Wisente, Tarpane, Elche, Luchse, Wildkatzen usw.; Kinderzoo mit Streichelwiese). Im ehemaligen Kanzleigebäude der Burg ist das ⌂⌂ »Burghotel Sababurg« eingerichtet.

Von der Sababurg führt die Deutsche Märchenstraße zunächst in westlicher Richtung (vorbei am sogenannten »Urwald«), dann in südwestlicher Richtung nach *Hofgeismar* (13 500 Einw.), einem alten Ort, der schon um 1230 Stadtrecht erhielt. In diese Zeit reicht die *Liebfrauenkirche* zurück, auf deren Altar eine Passionstafel von etwa 1320 steht. Von den alten Fachwerkhäusern verdient das *Hochzeitshaus* (17. Jh.; Heimatmuseum) vor allem wegen seines Figurenschmucks (*Wilder Mann* und *Wilde Frau*) Beachtung. Im Ortsteil *Gesundbrunnen* (1866 aufgegebenes Staatsbad) steht das *Schlößchen Schönburg* (1787–1789), ein frühklassizistischer Bau, der heute als Evangelische Akademie dient.

Von Hofgeismar aus fährt man über den staatlich anerkannten Erholungsort *Grebenstein*, der wegen seines alten Baubestandes als »nordhessisches Rothenburg« bezeichnet wird, und dann über *Grebenstein-Uydenhausen* durch den Reinhardswald nach Veckerhagen zurück. Diese Rundfahrt ist 47 km lang.

Oberweser (4 000 Einw.), 101 km, das man von Reinhardshagen aus auf der Wesertalstraße erreicht, besteht aus dem Luftkurort *Gieselwerder* (zugleich Hauptort der Gemeinde) und den Erholungsorten Arenborn, Gewissenruh, Gottstreu, Heisebeck und Oedelsheim; es liegt beiderseits der Weser. *Gewissenruh* und *Gottstreu* deuten mit ihrem Namen darauf hin, daß sie zu den für Glaubensflüchtlinge angelegten Orten (s.S. 8) gehören. Ferien auf dem Bauernhof macht man vor allem in Gewissenruh und Heisebeck.

Information: Verkehrsamt Oberweser-Gieselwerder.

🚌 Hannoversch Münden, Hofgeismar, Karlshafen.

⛴ Hannoversch Münden, Hameln.

⌂ Hotels, Gasthöfe, Pensionen.

⛺ Mehrere Plätze.

▭ Frei- und Hallenbad.

Nördlich und nordöstlich von Gieselwerder liegt rechts der Weser der staatlich anerkannte Erholungsort *Wahlsburg* (3 000 Einw.), zu dem das an der Mündung der Schwülme in die Weser gelegene *Lippoldsberg* gehört. In diesem Ortsteil ist von dem im 11. Jahrhundert gegründeten Benediktinerkloster vor allem die romanische Kirche (1142–1152) erhalten geblieben. Auf seinem Gut Klosterhaus in Lippoldsberg starb 1959 Hans Grimm, der Verfasser des umstrittenen Romans »Volk ohne Raum« (1926). An Lippoldsberg grenzt im Norden der Flecken *Bodenfelde* (4500 Einw.), ein anerkannter Erholungsort, zu dem außer dem Zentrum Bodenfelde das ebenfalls an der Weser gelegene Wahmbeck und die im Solling gelegenen Ortsteile Amelith, Nienover und Polier gehören (Verkehrsverein Bodenfelde; ⌂, ⛺ ▭).

Die Rundfahrt wird von Oberweser-Gieselwerder auf der Wesertalstraße fortgesetzt. Sie führt nach

Bad Karlshafen (4 800 Einw.), 115 km, das an der Mündung der *Diemel* in die Weser liegt und 1699 als Hafenstadt angelegt wurde (s.S. 8). Der alte barocke Kern der Stadt ist rund um das künstliche Hafenbecken herum recht gut erhalten. An der Westseite des Hafenbeckens stehen das *Rathaus*, das ursprünglich zum Teil auch Packhaus für den Hafen war, und das heutige Gasthaus »Zum Landgraf Carl« (ältestes Haus der Stadt, 1699). Ein weiterer herausragender Bau ist das schloßartige *Invalidenhaus* (1704–1710), das südwestlich des vorgenannten Gasthauses an der Diemel steht. 1730 wurde eine Salzquelle entdeckt. Ihr verdankt Karlshafen in neuerer Zeit die Entwicklung zum Soleheilbad (modernes Kurzentrum). Zum Ortsteil Helmarshausen s.S. 53.

Information: Kurverwaltung, Hafenpl. 8.

🚂 Strecke Altenbeken–Walkenried.

🚌 Hannoversch Münden, Höxter, Hofgeismar, Holzminden, Kassel u.a.

⛴ Hannoversch Münden, Hameln.

⌂⌂⌂ »Zum Schwan«, Conradistr. 3–4.

⌂⌂ »Kurhotel Wiegand«, Brückenstr. 1.

⌂ »Zur Linde«, Bremer Str. 21.

⛺ Winnefelder Str. 7 (ganzj.).

⛺ Neben dem Mineralschwimmbad.

Die Fahrt geht weiter über *Beverungen-Herstelle*. Dort hat Karl der Große 797 sein Winterlager aufgeschlagen. Auf dem *Burgberg* wurde 1826 bis 1832 nach romantischen Vorstellungen eine *Burg* erbaut, die zum Treffpunkt von Malern, Gelehrten und Dichtern wurde.

Über das an der Mündung der *Bever* gelegene *Beverungen* (16 000 Einw.), zu dem die Erholungsorte Amelunxen, Blankenau, Dalhausen, Wehrden und Würgassen (Kernkraftwerk) gehören, fährt man nach Höxter, 138 km, zurück.

Route 4: Höxter – Warburg – Bad Driburg

Man fährt von Höxter bis Bad Karlshafen die Wesertalstraße, und zwar die Strecke, die den letzten Abschnitt der Route 3 (s. S. 52) bildet. Ab Bad Karlshafen, 23 km, benutzt man die durch das Diemeltal in Richtung Hofgeismar führende Straße (B 83) und kommt nach

Helmarshausen, 26 km, einem Ortsteil des auf Seite 52 beschriebenen Bad Karlshafen. Ende des 10. Jahrhunderts wurde dort ein *Benediktinerkloster* gegründet, das in romanischer Zeit durch sein Kunstschaffen berühmt wurde. Der Seite 9 erwähnte Roger von Helmarshausen war in diesem Kloster tätig. An der evangelischen Kirche sind spärliche Reste des Klosters erhalten.

Überragt wird der Ort vom *Krukenberg,* auf dem die Ruine der *Krukenburg* steht. Die Burg wurde um 1200 um die bereits rund 100 Jahre vorher errichtete *Johanneskirche* erbaut. Die Kirche zählt zu den bedeutendsten Zentralbauten des frühen Mittelalters. Der Bergfried kann bestiegen werden.

Information: Kurverwaltung, Bürgerhaus Bad Karlshafen 2.

, siehe Bad Karlshafen, Seite 52.

»Fahlenberg« (mit Hallenbad).

Trendelburg (6000 Einw.), 35 km, an der Diemel gelegen, ist staatlich anerkannter Luftkurort (Ferienorte sind auch die Ortsteile Gottsbüren, Langenthal und Eberschütz). Beherrscht wird der Ort von einem gut 50 m hohen Sandsteinfelsen (Ausläufer des Reinhardswaldes), auf dem eine um 1300 erbaute und im 15. Jahrhundert erneuerte Burg steht, das heutige »Burghotel Trendelburg«. Im Ort selbst steht die evangelische *Stadtkirche* (15. Jh.) in der spätgotische Wandmalereien zu sehen sind.

Information: Verkehrsamt Rathaus.

Bad Karlshafen, Hofgeismar.

»Burghotel Trendelburg«.

Gasthöfe und Pensionen.

Trendelburg. – Freibad

Man folgt dem Tal der Diemel über *Trendelburg-Eberschütz* und *Liebenau* bis *Liebenau-Haueda* und fährt von dort auf einer Landstraße weiter nach *Warburg-Daseburg,* von wo man am *Desenberg* (345 m; Burgruine; gute Aussicht auf die *Warburger Börde)* nach Warburg kommt.

Warburg (22 500 Einw.), 52 km, der 200 m hoch gelegene Hauptort der fruchtbaren *Warburger Börde,* ist aus zwei ursprünglich voneinnander unabhängigen Städten, Altstadt und Neustadt, entstanden. Die beiden Städte wurden 1436 vereinigt und erhielten später ein einziges *Rathaus,* das zur Hälfte auf Altstädter, zur Hälfte auf Neustädter Boden errichtet wurde (1568; Erneuerung und Erweiterung 1902). Die vierbogige Laube des Erdgeschosses diente als Durchgang zwischen Alt- und Neustadt. In der Alt- oder Unterstadt (unterhalb des Rathauses) stehen die ehemalige *Dominikanerkirche* (sie war bis 1281 die Pfarrkirche der Altstadt, wurde dann aber den Dominikanern überlassen) und die *Marienkirche* (Baubeginn 1288), die anstelle der den Dominikanern überlassenen Kirche zur Altstädter Pfarrkirche wurde. In der Marienkirche befindet sich ein silbernes *Altarkreuz* (15. Jh.), das dem aus Warburg stammenden Anton Eisenhoit (um 1553–1603; Goldschmied, Kupferstecher und Medailleur) als Vorbild für viele seiner Arbeiten gedient hat. Die Pfarrkirche der Neu- oder Oberstadt (oberhalb des Rathauses) ist die *Johanniskirche* (13.–15. Jh.), deren hoher Turm hinter dem Rathaus aufragt und in deren Chor sehr gute Statuen (vorwiegend 15. Jh.) stehen. In der ehemaligen Dominikanerkirche verdienen die Wandmalereien Beachtung.

Information: Amt für Fremdenverkehr, Sternstr. 35.

Altenbeken, Bestwig, Kassel.

Bad Driburg, Beverungen, Hofgeismar, Höxter, Paderborn u.a.

»Berliner Hof«, G.-Hauptmann-Str.

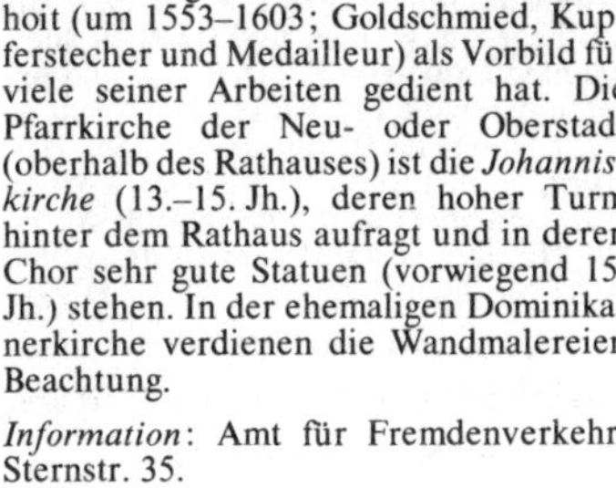

Trendelburg

11; »Warburger Hof«, Bahnhofstr. 19a.

Hotels, Gasthöfe und Pensionen in Warburg und in den Ortsteilen Germete (Kurort mit Heilquellen), Nörde (Geburtsort des Barockbaumeisters Johann Conrad Schlaun, 1695–1773) und Scherfede.

Eversburg, Angerberg.

Von Warburg aus fährt man auf der B 7 in nordwestlicher Richtung durch die Warburger Börde zum Ortsteil *Scherfede*, von wo man einen Abstecher in das rund 3 km nordwestlich gelegene *Hardehausen* (ebenfalls Ortsteil von Warburg) machen sollte. Dort steht ein ehemaliges Zisterzienserkloster (heute Jugendhaus und Landvolkshochschule des Erzbistums Paderborn). Südlich von Hardehausen liegt ein Wisentgehege.

Von Scherfelde aus kommt man über den Warburger Ortsteil Bonenburg in die bis Bad Driburg sich erstreckende Stadt

Willebadessen (8000 Einw.), 76 km, die am Eggegebirge liegt und staatlich anerkannter Luftkurort ist. Ortsteile sind unter anderen die Erholungsorte Altenheerse, Borlinghausen, Engar, Fölsen, Helmern, Ikenhausen und Niesen. In Willebadessen selbst ist die *Pfarrkirche St. Vitus* (12. Jh.; vor allem im 18. Jh. verändert) beachtenswert.

Information: Kur- und Verkehrsverein.

Altenbeken, Bad Driburg, Warburg.

In allen genannten Ortsteilen.

Hallenbäder.

Bad Driburg (18000 Einw.), 93 km, das in 220 m Höhe am Fuß des Eggegebirges liegt, ist durch die Gemeindereform unter anderem um einige touristisch wichtige Orte erweitert worden: *Alhausen* (Geburtshaus des S. 10 erwähnten Dichters F.W. Weber), *Dringenberg* (Burg mit 42 m tiefem Brunnen), *Neuenheerse* (s. unten), *Pömbsen/Bad Hermannsborn*, *Reelsen* und *Kühlsen*. Driburg selbst entstand im 13. Jahrhundert unterhalb der sächsischen *Iburg*, in deren Nähe die von Karl dem Großen 772 zerstörte *Irminsul* (sächsisches Heiligtum) gestanden haben soll. Die Entwicklung Driburgs zum Bad begann im 18. Jahrhundert, obwohl die heilkräftigen Quellen schon seit dem 16. Jahrhundert bekannt waren. Heute zählt Bad Driburg zu den großen Bädern des Weserberglandes (Kurpark mit altem Baumbestand; im Biedermeierstil gehaltene Gräfliche Kurhäuser; 3 moderne Kurmittelhäuser). Besuchenswert ist das *Museum* (völkerkundliche und zoologische Sammlungen) im *Missionshaus St. Xaver* (Dringenberger Straße; täglich 8–18 Uhr).

Die große Sehenswürdigkeit von Bad Driburg ist aber die im Ortsteil Neuenheerse stehende ehemalige *Stiftskirche*, die vielfach als *Eggedom* bezeichnet wird. Sie ist im Kern ein romanischer Bau des 12. Jahrhunderts, der vor allem im 14. und 17. Jahrhundert verändert und zuletzt von 1954 bis 1962 restauriert wurde. Die reiche Innenausstattung ist überwiegend barock. Von den älteren Ausstattungsstükken ist vor allem das Eisengitter (um 1400) im nördlichen Seitenschiff beachtenswert.

Information: Kurverwaltung (Tel. 05252/2011) und Städt. Verkehrsamt (Tel. 05253/2005), ferner Verkehrsverein Neuenheerse (Tel. 05259/225).

Strecke Altenbeken-Kreiensen.

Altenbeken, Detmold, Holzminden, Nieheim, Warburg u.a.

»Gräfliches Kurhaus«, Am Bad 9; »Althaus-Parkhotel«, Caspar-Heinrich-Straße 17.

»Teutoburger Hof«, Brunnenstr. 2.

Hotels und Gasthöfe, in Neuenheerse auch Bauernhofpensionen.

Schirrmannweg 1 (von Okt.–April am 1. Wochenende im Monat geschlossen, Ferienzeiten ausgenommen).

Neuenheerse.

Frei- und Hallenbäder.

Brakel (18000 Einw.), 105 km, Mittelpunkt einer neuen Großgemeinde, liegt mitten im waldreichen *Nethegau*. Der Anfang des 13. Jahrhunderts zur Stadt erhobene Ort, der Mitglied der Hanse war, zählt heute zu den Luftkurorten des Corveyer Landes (Erholungsorte sind auch die Ortsteile Beller, Bellersen, Bökendorf, Erkeln, Gehrden, Hembsen, Istrup, Rheder und Schmechten). Das älteste Baudenkmal ist die Pfarrkirche *St. Michael* (12.–16. Jh.). Das spätgotische *Rathaus* (um 1500) hat ein Portal im Stil der Weserrenaissance. Die (1715–1718) erbaute *Kapuzinerkirche* gilt als frühestes Werk des vorerwähnten Joh. Conr. Schlaun.

Information: Verkehrspavillon am Thy.

Strecke Altenbeken–Kreiensen.

Detmold, Holzminden, Steinheim.

»Kurhotel«, Am Kaiserbrunnen.

»Dreizehnlinden«, Am Markt 1.

Die Rundfahrt endet in Höxter, 124 km.

Route 5: Hameln – Horn-Bad Meinberg – Bad Pyrmont

Man verläßt Hameln auf der B 1 (Richtung Paderborn) und hat in *Aerzen-Groß-Berkel*, 6 km, Gelegenheit zu einem Abstecher (gut 3 km je Weg) über *Aerzen-Königsförde* zum *Rittergut Schwöbber*. Das Wasserschloß wurde von 1574 bis 1601 erbaut. Erster Bauherr war der Söldnerführer Hilmar von Münchhausen, erster Baumeister der Hamelner Cord Tönnies. Die Dreiflügelanlage gehört zu den Bauten, die sehr stark von der Weserrenaissance beeinflußt sind. Der Schloßgarten wurde Mitte des 18. Jahrhunderts im Stil eines englischen Gartens angelegt. Das Schloß ist heute Lehranstalt.

Statt über Königsförde nach Groß-Berkel zurückzufahren, biegt man in Königsförde nach rechts in die nach *Aerzen* (11 300 Einw.), 10 km ab Hameln direkt, 13 km einschließlich Umweg über Schwöbber, führende Straße ein. Die dortige evangelische Kirche besitzt eine reiche Barockausstattung.

Barntrup (9500 Einw.), 23 km, ist ein hübsch gelegener Luft- und Kneippkurort. Das Schloß derer von *Kerssenbrock* wurde in den Jahren 1584 bis 1590 von Eberhart Wilkening im Stil der Weserrenaissance erbaut. Viele alte Fachwerkhäuser prägen das Bild des Städtchens.

Information: Verkehrsamt, Rathaus.

Strecke Hameln–Bielefeld.

Bad Pyrmont, Detmold, Hameln, Rinteln, Lemgo, Bad Meinberg.

»Jägerhof«, Frettholz 2.

»Paradiesmühle«, Selbecker Straße 34.

Am Schwimmbad.

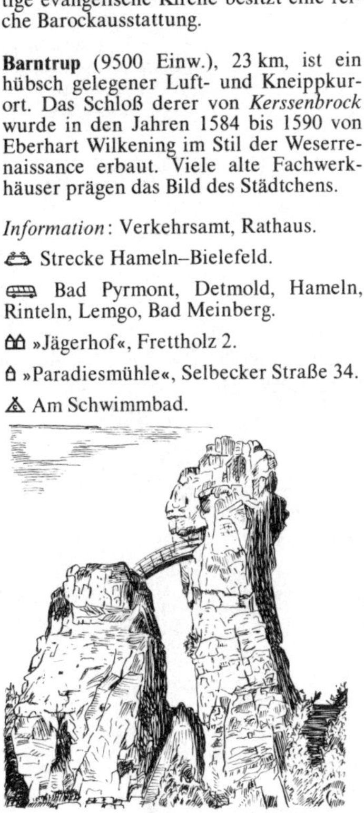

Externsteine (s. S. 56)

Hallenbad und Freibäder.

Man kann von Barntrup aus einen Abstecher ins *Extertal* (s.S. 62) machen, zu dem Barntrup selbst gelegentlich gerechnet wird, zumal der gut 5 km nördlich gelegene Ortsteil *Alverdissen*, in dessen Nähe die *Exterquellen* liegen, tatsächlich zum Extertal gehört. Alverdissen war zeitweilig Residenz einer Nebenlinie des gräflichen Hauses zur Lippe. Das ehemalige *Schloß* (1662–1663) und die *Fürstengruft* an der Kirche erinnern daran. Östlich von Alverdissen liegt der *Bungalow-Ferienpark Extertal*.

Dörentrup (8500 Einw.), 33 km, heißt eine neue Gemeinde, zu der außer Dörentrup der Luftkurort *Schwelentrup* und die Ferienorte *Hillentrup*, *Wendlinghausen* und *Humfeld* gehören. Alle diese Orte liegen im Tal der Bega oder in seiner Nähe. Im südlichsten Ortsteil Wendlinghausen steht ein *Schloß* aus dem Jahre 1614 (Weserrenaissance). In der Nähe des nördlichsten Ortsteils Schwelentrup steht an der Straße vom Ortszentrum Dörentrup zum Ortszentrum Extertal *Burg Sternberg*, deren Bauten vorwiegend aus dem 16. Jahrhundert stammen (die Ringmauer dürfte noch ein Teil der ursprünglichen Anlage aus dem 13. Jh. sein). In der Hauptburg hat der Instrumentenbauer Peter Harlan eine Sammlung alter Musikinstrumente und eine Musikschule eingerichtet (unter Benutzung der alten Instrumente werden Konzertabende veranstaltet). Im *Palas* befinden sich ein mittelalterlicher *Tretbrunnen* und der *Rittersaal*.

Information: Verkehrspavillon Schwelentrup (Dörentrup 4).

Strecke Hameln–Bielefeld.

Detmold, Extertal-Bösingfeld, Hameln, Lemgo, Barntrup.

Gasthöfe, Pensionen (auch Bauernhofpensionen) und Ferienwohnungen in den meisten Ortsteilen; Feriendorf »Falkenhorst«.

Hallen- und Freibad.

Man setzt die Fahrt fort über *Lemgo* (s.S. 26; möglicher Abstecher ins *Kalletal*, s.S. 62), 40 km, nach *Lage* (32 500 Einw.), 49 km, zu dem neuerdings auch der rund 6 km südwestlich im Teutoburger Wald gelegene Luftkurort *Hörste* gehört (zahlreiche Fremdenheime und Pensionen sowie das Feriendorf »Hörster Horst«). Lage liegt an den Eisenbahnstrecken Hameln–Bielefeld und Herford–Altenbeken und hat Omnibusverbindungen unter anderem nach Bielefeld, Detmold, Hameln und Herford.

Über Detmold (s.S. 29), 58 km, fährt man weiter in die neue Stadt

Horn-Bad Meinberg (16000 Einw.), 67 km, die hauptsächlich aus den 4 km voneinander entfernten Ortsteilen Horn und Bad Meinberg besteht. Der Erholungsort Horn liegt nahe dem Berührungspunkt von Teutoburger Wald und Eggegebirge. Der Ort wurde schon um 1240 Stadt und zählt damit zu den ältesten Städten des Lipper Landes. Es sind noch zahlreiche alte Bauten erhalten, Bürgerhäuser vor allem an der *Mittel-* und *Nordstraße*, von einstigen Adelshöfen der *von Kotzenbergsche Hof* (frühes 17. Jh.; jetzt »Hotel Vialon«), ferner die einstige *Burg* (14. und 17. Jh.; jetzt zum Teil *Heimatmuseum*) und schließlich die gotische *Pfarrkirche* (14. Jh.; romanischer Westturm, 12. Jh.).

Berühmter als diese Baudenkmäler sind die im westlichen Ortsteil *Holzhausen* gelegenen *Externsteine*, eine Gruppe von steilen Sandsteinfelsen, die bis zu 37 m hoch sind. In die beiden Hauptfelsen wurden zu Beginn des 12. Jahrhunderts in Nachbildung heiliger Stätten in Jerusalem zwei Kapellen gehauen: die *Adamskapelle* (unten) und die *Kreuzkapelle* (oben; über eine Brücke erreichbar, s. Abb. S. 55). Neben dem Eingang zur unteren Kapelle wurde ein monumentales *Relief* in die Felswand gemeißelt; es stellt in seinem unteren Teil Adam und Eva mit der Schlange dar (entspricht insofern der Adamskapelle), im oberen Teil die Kreuzabnahme (entspricht insofern der Kreuzkapelle). Das Relief ist etwa 5,5 m hoch; die Figuren sind lebensgroß. Vor der Felsgruppe liegt isoliert ein Fels mit der Nachbildung des Grabes Christi, und zwar in der Form des Arkosolgrabes (Nischengrab, wie es in frühchristlichen unterirdischen Grabanlagen häufig vorkam).

Bad Meinberg (Staatsbad) ist als Ort schon um etwa 1100 nachweisbar, die Geschichte des Bades beginnt aber erst Ende des 17. Jahrhunderts, und die ausdrückliche Erhebung des Ortes zum Kurort datiert von 1767.

Den Mittelpunkt von Bad Meinberg bildet heute der quadratische und von der *Werre* durchflossene *Kurpark* mit dem Kursaal und anderen Einrichtungen.

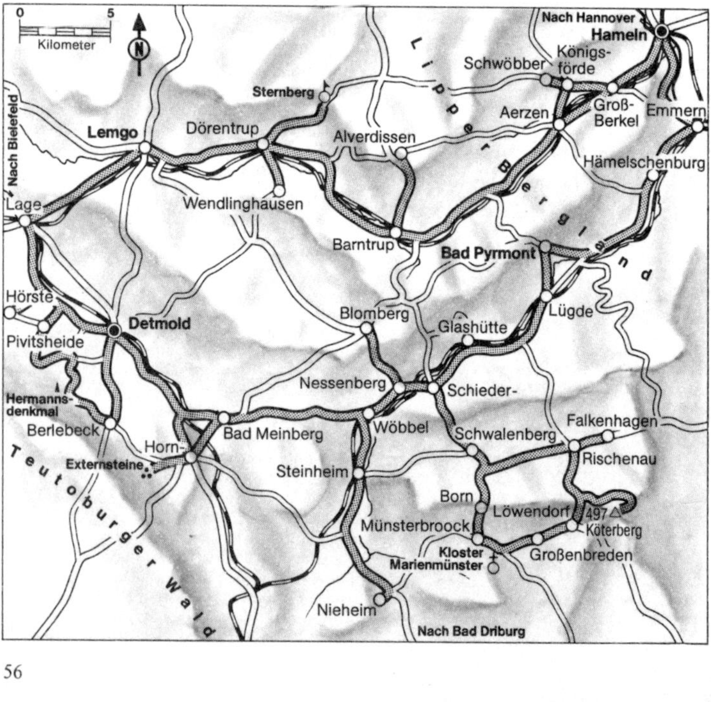

Nach Osten schließt sich der um einen See herum gelegene *Kurpark am See* an. Weiter östlich – nur durch die *Hamelner Straße* getrennt – erstreckt sich das *Silvaticum* (Länderwaldpark), in dem man durch 13 Waldlandschaften Europas, Amerikas und Asiens spazieren kann. Zu den einzelnen Landschaften sind über 50 Gattungen und 100 Arten winterharter Gehölze zusammengefaßt. Einige der Waldlandschaften sind: Insel Hondo (Japan), Ostpreußen, Mississippigebiet, China (Himalaya), Spreewald, Teile der USA.

Information: Verkehrsamt in Horn, Rathausplatz 2; ferner Verkehrsvereine in den Ortsteilen Bad Meinberg, Belle, Bellenberg, Billerbeck, Kempenfeldrom und Leopoldstal.

Strecke Herford-Altenbeken.

Bad Pyrmont, Blomberg, Detmold, Lügde, Schieder-Schwalenberg.

»Heckers's Deele«, Pyrmonter Straße 1; »Bad-Hotel und Kurhotel am Park«; Parkstraße 41–43; »Der Quellenhof«, Blomberger Straße 15.

»Wilberger Hof«, Detmolder Straße 59; »Vialon« (in Horn), Rathausplatz 1.

Gaststätten und Fremdenheime.

Jahnstraße 36 (Horn; von Okt.–April am 3. Wochenende im Monat geschlossen, Ferienzeiten ausgenommen).

Auf der Fahrt von Horn-Bad Meinberg nach *Schieder-Schwalenberg* sollte man vom Ortsteil *Wöbbel*, 78 km, einen Abstecher (hin 17, zurück 12 km) über *Steinheim* (13000 Einw.; besuchenswerte Pfarrkirche) und *Steinheim-Vinsebeck* (dort eines der am schönsten gelegenen Wasserschlösser Westfalens, erbaut um 1720) nach *Nieheim* (7000 Einw.) machen. In dem freundlichen Erholungsort sind zu sehen: das Wohn- und Sterbehaus Friedrich Wilhelm Webers (s.S. 10), das Rathaus (1610; Weserrenaissance; neben dem Eingang Elle und Schandring) und das Richterhaus (1701). Nimmt man für die Rückfahrt nach Wöbbel den Weg über *Steinheim-Thienhausen*, trifft man dort auf das Wasserschloß Thienhausen (im 19. Jh. Treffpunkt von Künstlern und Gelehrten).

Gut 2 km nordöstlich von Wöbbel hat man Gelegenheit zu einem zweiten Abstecher (4 km je Weg), und zwar in den 200 m hoch gelegenen »Bilderbuchkurort in Lippe«, den Luftkurort

Blomberg (7000 Einw.). Die Altstadt Blombergs (kurz vor Mitte des 13. Jh. gegründet) erscheint heute noch beinahe

Blomberg: Amtshaus

wie eine einheitlich mittelalterliche Stadt, und das gibt ihr den Bilderbuchcharakter. Ziemlich genau in der Mitte der ovalen Altstadt liegt am *Marktplatz* das *Rathaus* (1587) mit steinernem Unterbau, Fachwerkobergeschossen und drei Fachwerk-Zwerchgiebeln. Westlich des Markts befindet sich der *Pideritplatz*, der Vorplatz der Burg. Dort steht das sehr schöne *Amtshaus* (1572; ehemals Pforthaus der Burg; s. oben stehende Abb.), links davon die im 15. und 16. Jahrhundert erbaute *Burg* (jetzt Hotel), eine dreiflügelige Renaissanceanlage, deren Bauten zum Teil aus Fachwerk bestehen. Hinter der Burg liegt die neue *Kurparkanlage*.

An der Stadtmauer entlang führt der *Philosophenweg* nach Norden, zur ehemaligen *Augustiner-Klosterkirche* (spätgotische Hallenkirche, 15. Jh.; im Innern um 1492 entstandene Tumba des Edelherrn Bernhard VII. zur Lippe und seiner Gattin). Von der Kirche kommt man durch die *Schulgasse* zur *Petersilienstraße* und der sie fortsetzenden *Kuhstraße*, die von Fachwerkhäusern aus dem 16. bis 18. Jahrhundert gesäumt sind. Am Ende der Kuhstraße (Nr. 38) steht ein mit reichen Giebelschnitzereien versehenes Haus (1606). Das ihm benachbarte *Niederntor* (um 1545) ist das einzige in Lippe erhaltene Stadttor. Von ihm aus geht man durch den *Langen Steinweg* zurück zum Marktplatz.

Information: Verkehrsamt, Markt 2.

Bad Pyrmont, Detmold, Horn-Bad Meinberg, Lemgo. Lügde.

»Burghotel« (in der Burg).

»Deutsches Haus«, Marktplatz 7.

Ulmenallee 15 (von Okt.–April am 1.

Wochenende im Monat geschlossen, Ferienzeiten ausgenommen).

🏊 Frei- und Hallenbad.

Schieder-Schwalenberg (10000 Einw.), 83 km, ist eine neue Stadt, deren größte Ortsteile *Schieder* und das 6 km südöstlich gelegene *Schwalenberg* sind. Schieder ist zusammen mit dem fast 4 km nordöstlich gelegenen Ortsteil *Glashütte* Kneippkurort (220 m hoch), besitzt eine Heilquelle, einen gepflegten Kurpark mit Brunnenhalle (eine solche auch in Glashütte) und anderen Kureinrichtungen und als Umgebung einen herrlichen Hochwald. Das im Kurpark gelegene *Barockschloß* (um 1700) war im 19. Jahrhundert Sommerresidenz der Fürsten zur Lippe. Auf dem benachbarten *Domänenhof* stand früher das *Kornhaus*, das jetzt einen Teil des Lippischen Landesmuseums in Detmold (s.S. 30) bildet.

Die Maler- und Trachtenstadt Schwalenberg verdankt ihre Entstehung der von dem Grafen *Volkwin IV.* von Schwalenberg um 1220 erbauten *Burg*, die teilweise noch erhalten ist (Um- und Neubau von 1627–1628). Der unterhalb der Burg gelegene und 1906 erneut zur Stadt erhobene Ort ist reich an Fachwerkhäusern aus dem 16. bis 18. Jahrhundert, die mit Schnitzereien und Malereien geschmückt sind und zwischen denen es viele stille Winkel mit alten Brunnen gibt. Einen ganz hervorragenden Platz nimmt unter den Fachwerkhäusern das *Rathaus* ein. Es besteht aus drei Teilen: dem 1579 erbauten Mittel- und Haupttrakt, der links von ihm 1603 angebauten *Ratsstube* und dem rechts davon stehenden Erweiterungsbau, der 1905 bis 1908, der Bauart und der Holzarchitektur der alten Teile ganz und gar angepaßt, errichtet wurde. Im Obergeschoß des Erweiterungsbaus befindet sich der *Ratsfestsaal*, der mit Malereien geschmückt ist. Die Balken des Hauptbaus (auf unten stehender Abbildung der hochgieblige Bau links vom Torbogen) sind mit Inschriften versehen.

Die schlichte, etwas erhöht gelegene *Kirche* (frühes 14. Jh.) besitzt unter ihrer Innenausstattung ein Renaissance-Epitaph des Ende des 16. Jahrhunderts gestorbenen Ritters Burkhard von Kanne und seiner Frau.

Zu Beginn des 20. Jahrhunderts wurde Schwalenberg von den Malern entdeckt. Ihr Treffpunkt wurde die »Künstlerklause« (Alte Torstraße). Die meisten Bilder (Zeichnungen, Aquarelle und Ölgemälde), die in den Räumen der »Künstlerklause« zu sehen sind, wurden von Künstlern, die sich in Schwalenberg aufgehalten haben, geschenkt.

Den Beinamen »Trachtenstadt« verdankt Schwalenberg der Brauergilde, die in Trachten und Tänzen altes Brauchtum pflegt. Die Gilde soll vom *Schwalenberger Malkasten* (Neue Torstraße) ihren Ausgang genommen haben. Das Haus geht auf einen Burgmannssitz zurück, der bereits im frühen 13. Jahrhundert bestand. Im 16. Jahrhundert war dort eine Poststation mit Herberge.

Information: Verkehrsamt im Rathaus, Ortsteil Schwalenberg.

🚌 Bad Pyrmont, Detmold, Lügde.

🏠 »Kurhotel Beckmeier-Skidrioburg« (in Schieder); »Herlingsburg« (in Glashütte); »Schwalenberger Malkasten« (in Schwalenberg); »Künstlerklause« (in Schwalenberg).

🏊 Frei- und Hallenbad.

Von Schwalenberg aus macht man eine kleine Rundfahrt durch die zwischen Schwalenberg, Nieheim und Höxter sich erstreckende Flächengemeinde *Marienmünster* (5000 Einw.), deren zentraler Ort *Vörden* ist. 2 km nordwestlich von Vörden steht das ehemalige Kloster *Marienmünster*, das 1128 von dem Grafen Widukind I. von Schwalenberg gegründet wurde (die Schwalenberger hatten gut 1 km nordöstlich des Klosters ihre Stammburg, später *Oldenburg* genannt, nachdem die neue Burg in Schwalenberg erbaut worden war). Die ehemalige *Klosterkirche* ist ein romanischer Bau (12. Jh.), der im 17. Jahrhundert barocke Veränderungen erfahren hat. Die ausgezeichnete Barockausstattung entstand in den letzten Jahrzehnten des 17. Jahrhunderts und wurde

Rathaus in Schwalenberg

1956 bis 1966 restauriert. Sehr beachtenswert sind auch Orgel (1736–1738) und Chorgitter (1693).

Man fährt von der Kirche weiter nach *Marienmünster-Löwendorf* und biegt nördlich davon bei *Lügde-Niese* nach Osten in die auf den *Köterberg* (497 m; Blick über weite Teile des Weserberglandes) führende Straße ein.

Von Lügde-Niese aus erreicht man auf der *B 239* den kleinen Ferienort *Lügde-Rischenau* (einfache Gasthöfe und Pensionen; Waldwanderwege). Von dort kann man einen Abstecher (2 km je Weg) in das östlich gelegene *Lügde-Falkenhagen* machen. Von dem Mitte des 13. Jahrhunderts gegründeten *Kloster Falkenhagen* sind erhalten: die Kirche (spätes 15. Jh.; im Chor Glasmalereien aus der Zeit um 1490; heute evangelische Kirche), das *Dormitorium* (Schlafbau; Fachwerkbau von 1509; heute evangelisches Pfarrhaus) und das *Priorat* (um 1585; heute katholisches Pfarrhaus; die katholische Kirche wurde 1695 erbaut). Das Dormitorium ist der älteste datierte Fachwerkbau des Lipper Landes.

Von Rischenau fährt man nach Schwalenberg zurück. Die Rundfahrt ist einschließlich der Abstecher zum Köterberg und nach Falkenhagen 35 km lang.

Lügde (6 500 Einw.; mit den eingemeindeten Orten rund 13 000 Einw.), 93 km, ist ein von Wäldern umgebener, freundlicher Luftkurort, der einem Jahrhunderte alten Brauch Berühmtheit verdankt. Es handelt sich dabei um den *Osterräderlauf*, der alljährlich am Abend des ersten Ostertages stattfindet. Schwere eichene Osterräder, die mit Stroh ausgestopft sind, läßt man brennend vom *Osterberg* ins Tal der *Emmer* rollen. Eine Ausstellung von Osterrädern ist im *Dechenheim* zu sehen.

Am südlichen Ortsausgang steht über dem Emmertal die romanische *Kilianskirche* (12. Jh.), deren Hauptapsis mit Fresken (Ende des 12. Jh.) geschmückt ist. Es wird vermutet, daß an der Stelle der heutigen Kirche bereits in karolingischer Zeit eine Kirche gebaut wurde; Lügde gilt nämlich als der Platz, an dem Karl der Große 784 das Weihnachtsfest gefeiert hat.

Information: Verkehrsamt, Rathaus.

🚂 Strecke Hannover–Altenbeken.

🚌 Altenbeken, Bad Pyrmont, Blomberg, Detmold, Hameln, Höxter.

⌂ »Seiler«; »Westfälischer Hof«.

⛺ Eichwald in Lügde-Elbrinxen.

🏊 Zwei Freibäder.

Bad Pyrmont (22 000 Einw.), 98 km, besitzt Heilquellen, die, wie Quellopferfunde beweisen, bereits um Christi Geburt bekannt waren und benutzt wurden. Im 14. Jahrhundert ist vom »Hilligen Born« (Heiliger Brunnen) und vom »Brodelbrunnen« die Rede. Im 16. Jahrhundert wird vom »Wunderbrunnen« gesprochen (vergleiche Wilhelm Raabes Roman »Der hillige Born«), und im 17. Jahrhundert wird bei dem in der Nähe der Heilquellen gelegenen *Wasserschloß* (frühes 16. Jh.) Bad und Ansiedlung Pyrmont angelegt. Das neue Bad entwickelte sich sogleich zum Bad der Fürsten, Dichter und Wissenschaftler.

Das heutige Staatsbad verfügt über einen sehr schönen *Kurpark*, in dessen Mitte, von Wassergräben umgeben, das im 18. Jahrhundert vorwiegend barock umgestaltete und erweiterte Schloß steht (die Räume dienen heute dem Kurbetrieb). Einen Teil des Kurparks bildet der in Deutschland einzigartige *Palmengarten*.

An den Kurpark schließen sich nach Norden der *Bergkurpark* und der *Hirschpark* an.

Information: Kur- und Verkehrsverein, Arkaden 14 (Tel. 05281/4627).

🚂 Strecke Hannover–Altenbeken.

🚌 Altenbeken, Blomberg, Detmold, Hameln, Höxter, Holzminden, u.a.

⌂⌂⌂ »Kurhotel-Kurhaus« (Luxus). Heiligenangerstraße; »Bergkurpark«, Oekelstr. 11.

⌂⌂ »Schaumburg«, Annenstraße 1; »Güldener Pfennig«, Kirchstraße 22.

⌂ Zahlreiche Pensionen und Fremdenheime (zum Teil eher zu ⌂⌂ gehörig) sowie Privatzimmer.

⛺ Camping Bad Pyrmont.

🏊 Frei- und Hallenbäder.

Man fährt durch das Emmertal weiter nach *Emmerthal-Hämelschenburg*, 109 km. Das dortige *Schloß Hämelschenburg*, (1588–1599), dessen Baumeister nicht mit Sicherheit bekannt sind, ist ein Meisterwerk der Weserrenaissance. *Führungen durch das Schloß finden von April bis Oktober täglich außer montags um 10, 11, 12, 14, 15, 16 und 17 Uhr statt.*

Über Emmerthal-Emmern fährt man zurück nach Hameln, 120 km.

Route 6: Herford – Lübbecke – Minden – Rinteln – Vlotho

Ausgangspunkt dieser Rundfahrt ist Herford (s.S. 22), von wo aus man auf der B 239 nach Norden fährt. Die Ausflüge nach Enger und Bünde (s.S. 25) lassen sich mit dieser Rundfahrt recht gut verbinden.

Die B 239 führt in das *Wiehengebirge*, einen schmalen, aber rund 100 km langen Gebirgszug, der sich von *Bramsche* (nördlich von Osnabrück) bis zur *Porta Westfalica* hinzieht. Die B 239 durchquert das Wiehengebirge zwischen dem 319 m hohen *Wurzelbrink* im Westen und dem 320 m hohen *Heidbrink* (höchste Erhebung des Wiehengebirges) im Osten und erreicht das am Nordhang des Gebirges in 91 m Höhe gelegene

Lübbecke (23 000 Einw.), 23 km. Die Stadt (seit 1279 Stadtrechte), in deren Nähe 775 zwischen Franken und Sachsen die *Schlacht von Hlidbeki* geschlagen worden sein soll und in deren Geschichte oft von Kriegen und Zerstörungen die Rede ist, präsentiert sich heute als eine Stadt, in der Altes und Neues eine recht glückliche Verbindung eingegangen sind. Obwohl Lübbecke eine vielseitige Industrie besitzt, ist es auch ein recht beliebter Ausflugsort.

Das älteste Baudenkmal ist die im 12. Jahrhundert erbaute und 1350 erweiterte *Andreaskirche* (von der Innenausstattung sind die Reste der Malereien aus dem 13. Jh. und das lebensgroße Kruzifix aus der Zeit um 1200 bemerkenswert). Vom *Markt* aus gelangt man durch einen Torbogen zum *Heimatmuseum*, das in einem alten *Burgmannshof* untergebracht ist. Schräg gegenüber steht das *Rathaus*, das aus dem 15. Jahrhundert stammt, 1936 aber von Grund auf im ursprünglichen Stil erneuert wurde. Eine Besonderheit ist der am *Niedernwall* stehende *Bierbrunnen*. Er spendet am Bierbrunnenfest (12. August oder, wenn dieser nicht auf einen Sonntag fällt, am darauf folgenden Sonntag) Freibier.

Information: Verkehrsamt, Rathaus.

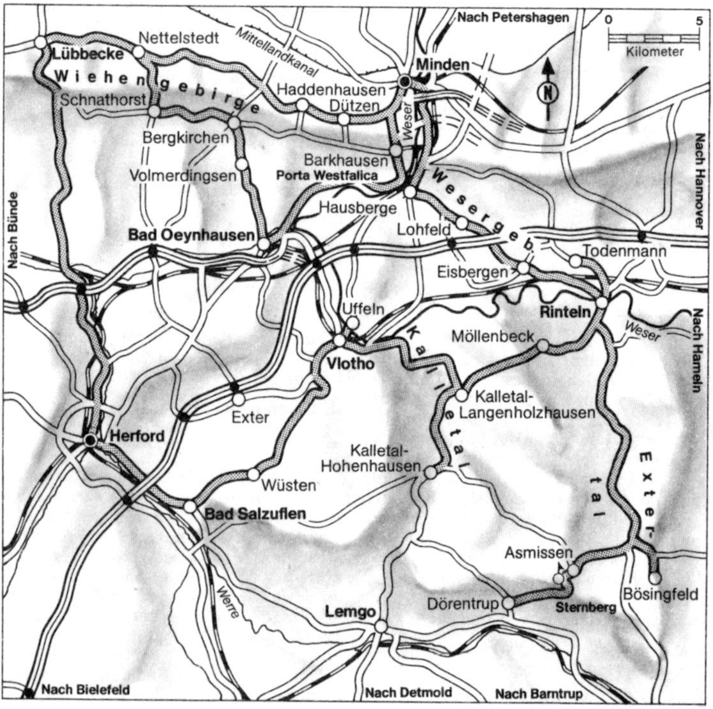

🚂 Strecke Herford–Bassum.

🚌 Bad Oeynhausen, Herford, Minden und andere.

⌂ »Stadt Lübbecke«, Niedertorstr. 20; »Zum Bahnhof«, Strubbergstraße 10.

Hallenbad und Freibäder.

Auf der B 65 fährt man in Richtung Minden bis *Lübbecke-Nettelstedt,* 28 km, und biegt dort nach rechts ab, um auf einer landschaftlich sehr schönen Straße durch das Wiehengebirge bis nach *Hüllhorst-Schnathorst*, 33 km, zu fahren. In Richtung Minden erreicht man von dort aus *Bad Oeynhausen-Bergkirchen*, 38 km. Man wendet sich nun nach Süden und kommt über *Bad Oeynhausen-Volmerdingsen* nach

Bad Oeynhausen (49 000 Einw.), 48 km. Das Stadtgebiet gehörte früher zum östlich benachbarten Dorf Rehme. 1839 stieß der Oberbergrat *Karl Freiherr von Oeynhausen* bei Bohrungen auf Heilquellen, um die herum ein kleiner Badeort entstand, der 1847 den Namen Oeynhausen erhielt. Der preußische Gartenarchitekt Peter Joseph Lenné (1789–1866) schuf den (in neuester Zeit veränderten) *Kurgarten*. Das *Kurhaus* erhielt 1908 sein heutiges Aussehen. 1926 wurde der *Jordansprudel* erbohrt, die ergiebigste Thermalquelle des europäischen Festlandes. Außer dem Kurpark gibt es noch den *Sielpark* (herrlicher Mischwald), die *Oeynhauser Schweiz* mit Damwildgehege und das *Siekertal* mit Sportanlagen und *Heimatmuseum (dienstags bis sonntags 9.30–11.30 und 15–18 Uhr)*. Im Haus Am Kurpark 3 befindet sich das *Deutsche Märchen- und Wesersagenmuseum (dienstags bis sonntags 10–12 und 15–17 Uhr)* und Weserstraße 225 das *Auto- und Motorradmuseum (April–Okt. 10–18, sonst 13–17 Uhr)*.

Information: Stadtverwaltung, Ostcorso 8.

🚂 Strecke Hannover–Hamm.

🚌 Lübbecke, Minden.

⌂⌂⌂ »Königshof«, Am Kurpark 5; »Wittekind«, Am Kurpark 10.

⌂⌂ »Stickdorn«, Wilhelmstraße 17; »Rose«, Am Kurpark 9.

⌂ Hotels, Gasthöfe, Pensionen.

△ Im benachbarten Löhne-Gohfeld.

⛺ Lohbuschteich, Ortsteil Dehme.

Man setzt die Fahrt auf der B 61 fort, die nahe der Mündung der Werre in die

Bad Oeynhausen

Weser das Wesertal erreicht und durch dieses Tal zur

Porta Westfalica (Westfälische Pforte), 58 km, führt. Während die Bezeichnung Porta Westfalica früher nur dem Durchbruch der Weser durch das Wiehen- und Wesergebirge galt, heißt seit dem 1.1.1973 auch eine Stadt Porta Westfalica (35 000 Einw.). Zu ihr gehören u.a. das links der Weser gelegene *Barkhausen* und die rechts der Weser gelegenenen Ortschaften *Hausberge* und *Holzhausen*.

Die »Torpfosten« der Porta Westfalica (des Weserdurchbruchs) bilden der *Wittekindsberg* (östlichster Punkt des Wiehengebirges) und der *Jakobsberg* (westlichster Punkt des Wesergebirges). Auf dem Wittekindsberg steht das *Kaiser-Wilhelm-Denkmal* (1896; weiter westlich befinden sich die Reste der sächsischen Fliehburg *Wittekindsburg*). Auf dem Jakobsberg steht ein Fernsehturm.

Am Fuß des Wittekindsberges liegt der Luftkurort *Barkhausen*, von dem aus eine Serpentinenstraße und Wanderwege zum Wittekindsberg hinaufführen.

Von Barkhausen fährt man weiter nach Minden (s.S. 18), 63 km, überquert dort die Weser und fährt dann auf der B 482 unterhalb des Jakobsberges durch die Porta Westfalica nach Hausberge, 69 km, dem Verwaltungszentrum der neuen Stadt Porta Westfalica (man kann natürlich auch zwischen Barkhausen und Hausberge die Weser überqueren, aber die Fahrt in beiden Richtungen durch die Porta Westfalica ist reizvoller). Hausberge ist – wie Barkhausen – Luftkurort.

Information: Verkehrsamt, Hauptstr. 21.

🚌 Minden, Rinteln.

⛴ Minden, Vlotho.

🏨 »Der Kaiserhof« (Barkhausen); »Haus Hubertus« (Hausberge).

🏠 Viele Hotels, Gasthöfe und Pensionen besonders in Hausberge.

⛺ Kirchsiek 30 (Hausberge; von Okt.–April am 1. Wochenende im Monat geschlossen, Ferienzeiten ausgenommen).

⛺ Fährstraße (Barkhausen).

Sonstiges: Goethe-Freilichtbühne in Barkhausen, in einem Steinbruch unterhalb des Kaiser-Wilhelm-Denkmals, Karl-May-Spiele u.a. (Spielzeit: Anfang Juni bis Anfang August; Aufführungen in der Regel an jedem Samstag und Sonntag).

Auf Landstraßen fährt man von Hausberge aus über *Lohfeld* und *Eisbergen* (Ortsteile von Porta Westfalica) nach

Rinteln (27000 Einw.), 83 km. Die Stadt wurde zu Beginn des 13. Jahrhunderts von Graf Adolf IV. von Schaumburg gegründet (südlich der Weser gelegene *Altstadt*), erhielt 1621 vom Fürsten Ernst von Schaumburg eine Universität (1809 aufgehoben), ging 1647 an die Landgrafen von Hessen über, die die Stadt 1665 bis 1671 zur Festung ausbauten (an der Stelle der Festungsanlagen verlaufen heute die *Wallstraßen*), und ist heute wegen des benachbarten Erholungsgebietes *Doktor-See* von touristischer Bedeutung.

Am *Marktplatz* stehen das aus zwei Häusern bestehende *Rathaus* (16 Jh.; teils im Stil der Weserrenaissance) und die *Marktkirche* (vorwiegend 13. Jh.), die eine gute Innenausstattung besitzt (Altar aus dem 17. Jh.). Straßen, deren Bild noch stark von alten Häusern geprägt wird, sind vor allem die *Ritter-* und *Brennerstraße*, die östlich der Kirche in Nord-Süd-Richtung verlaufen, sowie die *Bäcker-* und *Klosterstraße* (westlich parallel zu den erstgenannten). Westlich der Klosterstraße steht gegenüber dem *Amtsgericht* die *reformierte Kirche*, die ehemalige Kirche des Jakobsklosters (ab 1621 Universität). An der Klosterkirche steht das *Heimatmuseum* »Eulenburg«. Im Ortsteil Möllenbeck ist eine Klosteranlage aus dem 15. Jh. erhalten.

Information: Kultur- und Verkehrsbüro, Brennerstraße 23.

🚂 Strecke Löhne–Hameln.

🚌 Bad Nenndorf, Barntrup, Bückeburg, Hameln, Hessisch Oldendorf, Lemgo, Stadthagen.

🏠 »Goldener Löwe«, Weserstraße 11; »Stadt Kassel«, Klosterstraße 42.

⛺ Am Bären 1 (ganzj.).

⛺ Camping »Doktor-See« (am westlichen Stadtrand); Camping »Vater Rohde« (oberhalb der Weserbrücke).

Bevor man die Rundfahrt fortsetzt, kann man einen Abstecher (rund 3 km je Weg) nach *Rinteln-Todenmann* (über dem rechten Weserufer gelegen) machen. Nahe dem als »Kirschendorf« bezeichneten Ort steht hoch über der Weser an der Stelle, an der Franz von Dingelstedt (er lebte längere Zeit im Haus Ritterstraße 18 in Rinteln) das Weserlied gedichtet haben soll, ein *Weserlied-Denkmal*.

Extertal. Südlich von Rinteln zweigt von der für die Rundfahrt vorgesehenen B 238 die durch das Extertal nach Barntrup (s.S. 55) führende Straße ab. Extertal ist heute nicht mehr nur das Tal der Exter, sondern auch die neue Großgemeinde Extertal (13600 Einw.), zu der die Orte *Bösingfeld* (Verwaltungszentrum), *Asmissen* (hierzu gehört die S. 55 erwähnte Burg Sternberg und ein ⛺), *Schönhagen* (⛺), *Meierberg* (⛺), *Nalhof, Rott, Bremke, Almena* (ein Dorf, das schon mehrfach in dem Wettbewerb »Unser Dorf soll schöner werden« ausgezeichnet abschnitt), *Laßbruch, Göstrup, Silixen* und *Kükenbruch* gehören. Alle diese ruhigen Ferienorte haben 🏠 Hotels und/oder Gasthöfe und Pensionen, auch einige Bauernhofpensionen. Omnibuslinie Barntrup – Rinteln.

Die B 238, die man ab Rinteln für die Rundfahrt benutzt, führt westlich von *Langenholzhausen*, 94 km, in das

Kalletal. Die Orte dieses westlich des Extertals und mehr oder weniger parallel zu ihm verlaufenden Tales sind – wie die des Extertales – zur neuen Großgemeinde *Kalletal* (15000 Einw.) vereinigt worden, umfassen aber ein Gebiet, das über das eigentliche Kalletal weit hinausgreift. Man kommt in das Gebiet der Großgemeinde, unmittelbar nachdem man Rinteln-Möllenbeck durchfahren hat. Dort liegen zwischen der B 238 und der Weser die Ortsteile *Stemmen, Varenholz* und *Erder*. Das oben genannte Langenholzhausen gehört ebenfalls zu *Kalletal*, und südlich von ihm liegen im eigentlichen Kalletal die Ortsteile *Heidelbeck, Asendorf* und *Lüdenhausen*. An der B 238 oder unmittelbar westlich von ihr liegen sodann die Ortsteile *Bentorf, Westorf, Hohenhausen, Talle, Bavenhausen* und südöstlich davon *Niedermeien*. Schließlich gehört noch *Kalldorf* an der B 514 (in Richtung Vlotho) zu Kalletal. Alle genannten Orte sind ruhige

Ferienorte (ein Übergewicht haben nach Fremdenbetten Hohenhausen, Lüdenhausen und Heidelbeck). In Hohenhausen (Kalletal 1) befindet sich auch das *Verkehrsamt Kalletal*. Die Unterkunftsverhältnisse im Kalletal entsprechen denen in Extertal. Die wichtigsten Verkehrsverbindungen sind die Omnibuslinien Rinteln – Lemgo, Lemgo – Vlotho und Vlotho – Kalletal-Hohenhausen.

Vlotho (22 000 Einw.), 102 km, das man von Langenholzhausen aus auf der B 514 erreicht und zu dem auch die Ortsteile Uffeln (rechts der Weser), *Valdorf* (südlich von Vlotho) und *Exter* (an der Autobahn; *Autobahnkirche*) gehören, ist eine alte und hübsche, am Rand des Lipper Berglandes und an der Weser gelegene Stadt. Nicht zuletzt wegen der beiden im Ortsteil Valdorf befindlichen Moorbäder *Seebruch* und *Senkelteich* ist sie seit langem eine beliebte Sommerfrische. Vom *Amtshausberg* (Burgruine) hat man einen sehr schönen Blick über die Stadt. Auf dem Amtshausberg (140 m) steht der *Jugendhof*, ein altes Bauernhaus, das dem Landschaftsverband Westfalen-Lippe als Bildungsstätte dient.

Information: Verkehrsamt, Rathaus.

Strecke Löhne–Hameln.

Kalletal-Langenholzhausen.

Porta Westfalica, Minden.

»Grotegut«, Detmolder Straße 252; »vossieks mühle hotel«, Im Kanaan 22; »Lütke«, Weserstraße 29.

»Bonneberger Hof«, Bonneberger Straße 39; «Stille«, Seebruchstr. 35.

Oeynhausener Straße 15 (von Okt.–April am 4. Wochenende im Monat geschlossen, Ferienzeiten ausgenommen).

Exter: Autobahnkirche

Weserstraße 110; Winterbergstraße 158; 2 Plätze in Vlotho-Borlefzen.

Die Fahrt wird durch *Vlotho-Valdorf* und *Bad Salzuflen-Wüsten* auf landschaftlich großenteils schöner Straße fortgesetzt nach

Bad Salzuflen (54 000 Einw.), 116 km. Die über mächtigen Salzlagern erbaute Stadt war zunächst (wahrscheinlich schon im 11. Jh.) eine Ansiedlung von Salzsiedern, die aus einer Sole Kochsalz gewannen. Spätestens zu Beginn des 14. Jahrhunderts erhielt diese Ansiedlung Stadtrechte und im 15. Jahrhundert eine Stadtmauer (von dieser ist noch ein Stück mit dem *Katzenturm* erhalten). 1818 wurde – gewissermaßen als Nebenbetrieb der Saline – eine *Solbadeanstalt* gegründet; damit begann die Geschichte des Bades Salzuflen. Die Entwicklung zum Großen Badeort begann jedoch erst, nachdem man 1906 auf die große Therme, den *Leopoldsbrunnen*, gestoßen war. Einige Jahre früher war der Kurbetrieb bereits von der Saline in den heutigen Kurbezirk verlegt worden (1900; um diese Zeit wurde auch mit der Anlage des Kurparks begonnen). In der *Altstadt* (südwestlich des Kurbezirks rund um den Markt gelegen) sind noch etliche alte Bürgerhäuser erhalten (*Langestraße, Wenkenstraße, Ritterstraße, Obere Mühlenstraße*). Die ältesten Teile des *Rathauses* (das Innere ist von Grund auf modernisiert worden) und des vor allem wegen seines fünf Stockwerke hohen Prachtgiebels beachtenswerten *Alten Bürgermeisterhauses* (beide am Markt) stammen aus dem 16. Jh. Etwa 3 km nördlich der Stadt ist auf dem Gelände des ehemaligen Gutshofs *Schwaghof* eine sogenannte Bauernburg zu sehen, ein fester Speicher aus dem 16. Jahrhundert (über zwei massiven Geschossen befindet sich ein Fachwerkgeschoß).

Im Kurbezirk liegen rund um den *Kurpark* modernste Kureinrichtungen. Der Kurpark geht in den großen, an der *Salze* gelegenen *Landschaftspark* über.

Information: Kurverwaltung.

Strecke Löhne–Altenbeken.

Bielefeld, Detmold, Herford.

»Maritim« (Luxus), Parkstr. 53; »Lippischer Hof«, Mauerstraße 1a.

»Quellenhof«, Schliepsteiner Tor.

Zahlreiche Gasthöfe/Fremdenheime.

Waldstraße 25 (November geschlossen).

Die Rundfahrt endet in Herford, 122 km.

Register

(Hinter eingemeindeten Orten steht in Klammern, wohin sie eingemeindet sind)